中原名师出版工程
教育思想与实践系列

李桂荣 著

从阅读走向悦读

如何提升学生的阅读兴趣与能力

中原出版传媒集团
中原传媒股份公司

大象出版社
·郑州·

图书在版编目(CIP)数据

从阅读走向悦读：如何提升学生的阅读兴趣与能力／李桂荣著.—郑州：大象出版社，2018.9（2024.1重印）
（中原名师出版工程）
ISBN 978-7-5347-9918-1

Ⅰ.①从… Ⅱ.①李… Ⅲ.①阅读课-教学研究-中小学 Ⅳ.①G633.332

中国版本图书馆 CIP 数据核字(2018)第 197518 号

从阅读走向悦读
——如何提升学生的阅读兴趣与能力

李桂荣　著

出 版 人	汪林中
责任编辑	阮志鹏　张　阳
责任校对	钟　骄

出版发行　大象出版社（郑州市郑东新区祥盛街27号　邮政编码450016）
　　　　　发行科　0371-63863551　总编室　0371-65597936

网	址	www.daxiang.cn
印	刷	辉县市伟业印务有限公司
经	销	各地新华书店经销
开	本	787 mm×1092 mm　1/16
印	张	13
字	数	176 千字
版	次	2018 年 9 月第 1 版　2024 年 1 月第 6 次印刷
定	价	33.00 元

若发现印、装质量问题，影响阅读，请与承印厂联系调换。
印厂地址　辉县市北环中段
邮政编码　453600　　　　　　电话　13949630555

"中原名师出版工程"编委会

主　任　丁武营

副主任　张振新　周跃良

委　员　郑文哲　林一钢　吕关心　闫　学　张文质　姜根华
　　　　　陈秉初　黄　晓　杨光伟　刘　力　童志斌　罗晓杰
　　　　　钟晨音　吴惠强　刘燕飞　丁亚宏　窦兴明　李　丽
　　　　　刘富森　申宣成　杨伟东　禹海军　张海营　张　琳
　　　　　谢蕾蕾　董中山　郭德军

总 序

对于一个优秀教师来说，将自己对教育教学的思考在写作中表达出来，是非常自然的一件事。正如玛格丽特·杜拉斯在《写作》中说的："写作像风一样吹过来，赤裸裸的，它是墨水，是笔头的东西，它和生活中的其他东西不一样，仅此而已，除了生活以外。"杜拉斯把自己的写作区别于日常生活中具体的事物，而将其看作生活本身。我十分认同这样的说法。从许多优秀教师的成长经历来看，教育写作就是教育生活本身。当我们学会了把教育生活中的各种场景纳入自己的视野，融入自己的思考，通过写作诚实地记录下来，我们就找到了一条属于自己的专业发展之路。

正是看到了教育写作在教师专业发展中的重要意义，河南省教育厅与浙江师范大学启动了"中原名师教育写作出版计划"。河南是我国的教育大省，有一大批非常优秀的教师逐渐崭露头角，而"中原名师"是其中的佼佼者，他们在各自的学校和不同的教育教学领域取得了一定的成绩，及时总结、提炼、展示、推广他们的研究成果非常必要。我和张文质老师被聘请为"中原名师教育写作出版计划"的首席写作导师，肩负指导"中原名师"写作、出版教育教学专著的重任。这可能也是目前国内唯一旨在帮助优秀教师实现教育教学专著出版的省级培训项目，开辟了教师培训内容与形式的崭新领域，具有开创性意义。经过近两年的艰苦努力，目前这项计划终于迎来了阶段性成果：弯丽君等第一批 9 位"中原名师"的 12 本教育教学专著即将正式出版。从书稿情况来看，选题、内容可谓多样：既有学科教学方面的，也有班级管理方面的；既有比较严谨的学术论著，也有可读性较强的教育教学随笔；既有义务教育阶段的，也

有幼儿、高中阶段的。另外，还有计划第二批出版的书稿正在整理之中。

捧读这些沉甸甸的书稿，我心中充满感慨。

我想到了每一位作者的面庞，看到了那些闪亮的眼神。大家都非常清楚，对于一个渴望成长、追求专业发展的教师来说，教育写作是自我提高的一条基本路径。教育写作能清晰地记录一个教师专业成长的轨迹。教师可以在写作的过程中不断审视、反思自我，不断积累、总结与提炼，无论是初尝成功的经验，还是尝试摸索中的所谓教训，都是十分宝贵的财富。苏霍姆林斯基曾鼓励教师每天都写教育日记（也就是我们常说的"教育叙事"），认为这样的写作具有重大价值："凡是引起你的注意的，甚至引起你一些模糊的猜想的每一个事实，你都把它记入记事簿里。积累事实，善于从具体事物中看出共性的东西——这是一种智力基础，有了这个基础，就必然会有那么一个时刻，你会顿然醒悟，那长久躲闪着你的真理的实质，会突然在你面前打开。"这些"中原名师"正是通过写作将自己日常教育教学的点点滴滴慢慢积累起来的，而实施"中原名师教育写作出版计划"就是为了帮助他们打开真理之门。

我还想到了每本书稿选题的艰难，想到了那些为了确立书稿选题所经历的热烈讨论，既有面对面的沟通，也有无数次邮件、短信与电话往来。由于每一位作者所在的区域不同，所教学段、学科不同，研究基础、研究方向也各不一样，如何将那些最有价值的研究成果梳理、提炼出来，并形成相对集中的研究主题以专著的形式呈现，是我和张文质老师以及每一位作者需要面对的挑战。沟通、选择的过程非常重要，也非常辛苦。这主要是由于各位作者在实践层面的经验、成果内容非常多样造成的：往往一个教师提供的同一本书稿，在内容上既有学科教学方面的，也有班级管理方面的，甚至还有其他学科领域的，这固然反映了一线教师工作繁杂多面的实际情况，但对于专著出版来说，主题不够突出无疑是大忌，也会遮蔽那些更有价值、更值得推广的内容。经过半年多的反复讨论，第一批"中原名师"作者如弯丽君、李阿慧、徐艳霞、李桂荣、孟红梅

总　序

等老师，首先确定了选题，开启了教育写作之路；而另一批作者如刘忠伟老师则更改了选题，另起炉灶，毅然开启了新的写作计划，这其中的勇气也让人深为佩服。

当然，我也想到了每一位作者所经历的艰苦的写作过程。由于绝大多数老师积累的文稿是基于实践经验，致使有些内容在学理上存在问题，论述、论据都不够严谨，容易引起歧义；也有些内容所呈现的研究过程与研究成果不够完整，材料繁杂、枝蔓较多，如何去芜存菁留下最有价值的东西，如何修改、完善那些不够成熟的地方，也是摆在每一位作者面前的挑战。值得指出的是，对文稿不断修改、完善的过程虽然艰苦，但其实是非常宝贵的研究经历——看似是教育写作的过程，其实又是学术研究的过程，写作本身成为思维与学术的双重训练，成为提炼教育教学理念、凸显教育教学风格的基本路径。如韩秀清、董文华、王海东、李桂荣等几位老师，正是经历了这样的写作和研究过程，他们最终创作出很有价值的作品。如果说在专著出版之前，这些老师的教育教学风格还不够鲜明，尚未在更大的范围内得到认可，那么我相信，专著的公开出版，将有力地促进他们教育教学成果以及个人教育教学风格的传播与推广，塑造"中原名师"更加美好、专业的形象，成为河南教师乃至全国教师的偶像。而这，也是河南省教育厅与浙江师范大学决定实施该项教育写作出版计划的重要目的之一。

对于各位作者而言，他们没有辜负岁月，岁月也没有辜负他们。

对于导师而言，能够参与这个项目，帮助各位作者，是充满欣慰的，甚至超过了自己出书时的喜悦。

感谢各位读者，如果您翻开这些书，您会看到有那么一些人，是如何执拗地表达着对岁月和信仰的敬意。

闫　学

2018 年 8 月 18 日于杭州

前　言

　　兴趣是最好的老师，任何一个好的习惯都是从培养兴趣开始的，好的阅读习惯也是如此。也就是说，要培养良好的阅读习惯，首先要有阅读兴趣。

　　我的阅读兴趣源于家庭氛围的熏陶。我小时候常住在姥姥家，那是一个温馨、祥和、充满爱、鼓励读书的大家庭。我的姥爷是中共党员，总爱给我讲一些带有传奇色彩的英雄故事。当教师的舅舅经常买小人书给我读，大姨一家来的时候，会带来诸如课本、图画书等新鲜有趣的书。对于这些书，我总是饶有兴致地翻来翻去，还要求大人反复给我读。所以后来我上了学，对语文就特别感兴趣。1988年师范毕业，我进入新建的濮阳市第二实验小学，成为该校第一批到岗的教师，并担任语文教师兼班主任。刚走上讲台的我对教育教学知识如饥似渴，除了在教室上课、在办公室批改作业，其他时间基本上都待在阅览室阅读各种教育类期刊。有一次，我参加市级赛课，准备期间感到自己的教育理论知识极度匮乏，于是我把闲暇时间全部用在阅读教育教学类书籍上。就这样，我在享受阅读带来的莫大幸福的同时，也从书籍中得到了关于教育教学方面的帮助，从而坚定了当一辈子教师的信念。

　　一个读书的人是幸福的，因为阅读是智慧的源泉，书籍中缜密的逻辑、深邃的思想、崇高的境界都滋养着阅读者。小学阶段是人记忆发展的黄金时期，阅读经典名著、接触优秀作品、储存丰富的语言和思想资源是这一阶段的学生所必需的。实践证明，让学有余力的学生更多地阅读，是使他们变得更加优秀的有效手段。在教育家苏霍姆林斯基看来，阅读更是转化学困生的一把钥匙。他认为，

学生学习越感到困难，就越需要阅读。他做了一个形象的比喻：与感光度低的胶片需要更长时间的曝光一样，学困生的头脑也需要科学知识之光给以更鲜明、更长久的照耀。要想让学困生发生改变，不能仅仅靠补课"拉一把"，而要鼓励其多阅读。学困生读的书越多，思路就越清晰，思维就越活跃。

十多年的学生生涯和三十多年的教育教学实践，加上做家长的经历，使我悟出一个道理：只有激发阅读兴趣，才能养成良好的阅读习惯。那么，作为教师，我们应当如何激发学生的阅读兴趣呢？在我看来，要着重解决以下三个方面的问题。

一是推荐什么书。教师要肩负起向学生推荐有趣、有意义的好书的职责，想办法以轻松愉快的方式把学生带进美妙的阅读世界，让学生产生愉悦感。教师要根据学生的年龄及其生理、心理特点，定期推荐图书。对于低年级学生，可以向他们推荐符合其认知特点的书；对于大一些的学生，教师可以把感动过自己的书介绍给他们。

二是怎么指导学生读书。教师要指导学生掌握基本的阅读方法和途径，千方百计地发现和培养学生的阅读兴趣。我在长期的教育教学实践中总结、归纳出五个方面的方法和途径：环境氛围营造，激发阅读兴趣；课堂情境创设，培养阅读兴趣；活动拓展延伸，发展阅读兴趣；读写融合提升，升华阅读兴趣；探究主题阅读，拓展阅读兴趣。在培养学生阅读兴趣的过程中，还应坚持课内阅读与课外阅读相结合、主题阅读与自由阅读相结合、深度阅读与快速阅读相结合、名作阅读与习作训练相结合。

三是在阅读中自己怎么做。首先，教师要把阅读当作生活的一部分，让自己成为学生见过的最爱读书的人。常言道：喊破嗓子不如做出样子。正如《第56号教室的奇迹》的作者、"全美最佳教师奖"获得者雷夫·艾斯奎斯所说：若希望学生成为善良的人，教师就必须成为学生见过的最与人为善的人；若希望学生成为勤劳的人，教师就必须成为学生见过的最勤快的人。学生的模仿能力很强，只要教师做好榜样带头阅读，学生的阅读兴趣就会自然而然地形成。其次，教师要始终成为学生阅读的陪伴者。教师无论有多忙，每天

前 言

都要和学生在固定的时间段一起阅读，分享读书的乐趣。

  人生读书少年始。少年儿童的阅读是全民阅读的基础，也是全民阅读的希望和未来。引导学生读书是一个由浅入深、逐步提高的过程，是从兴趣阅读转向意志阅读，而后形成阅读习惯的过程。让学生从阅读走向悦读，这才是理想的境界。

李桂荣
2018 年 6 月 12 日

目　录

氛围润泽篇　环境氛围营造，激发阅读兴趣 / 1

　　站在脑科学的角度看待阅读 / 3

　　培养孩子的阅读兴趣 / 5

　　书，在教室里漂流 / 8

　　校园绽放朵朵书花 / 11

　　小平台，大悦读 / 14

　　在阅览书屋中静静阅读 / 17

　　读书社团——城市的缕缕阳光 / 20

　　相约图书馆 / 23

　　怎样的奖励最有效 / 25

课堂渗透篇　课堂情境创设，培养阅读兴趣 / 29

　　开放教学是为更好地激活兴趣 / 31

　　用自己的话讲书中的内容 / 38

　　以多种激励手段创设有趣的场域 / 45

　　提高朗读能力的四个秘诀 / 48

　　让读说引领教学改革 / 55

　　圈点批注使阅读走向新天地 / 57

　　晨光中琅琅的读书声 / 61

　　激扬生命的课外阅读 / 64

课堂游戏的魔力 / 67

美读感悟，积累语言 / 72

做一名敬畏课堂的教师 / 75

教师少说，学生多表达 / 79

语文课堂要有儿童趣味 / 85

从"教课文"到"教语文" / 88

活动延伸篇 活动拓展延伸，发展阅读兴趣 / 93

自主式阅读俱乐部 / 95

我们的"阅读存折" / 98

阅读小报我做主 / 101

研学旅行——立体的阅读 / 105

倾听朗读者的心声 / 108

读写融合篇 读写融合提升，升华阅读兴趣 / 113

架起由读到写的桥梁 / 115

不动笔墨不读书 / 119

我也可以写书评 / 121

把动画融入作文教学 / 124

以文为例，创写书信 / 127

实用又好学的习作指导方法 / 134

围绕一个中心多角度写具体 / 138

作文也可以这样玩起来 / 142

怎样指导学生自改作文 / 145

抓住生活的"牛鼻子"，真实表达 / 150

小作家是怎样诞生的 / 153

主题探究篇　探究主题阅读，拓展阅读兴趣 / 157

　　绘本播撒快乐的因子 / 159

　　诗意浸润成长 / 163

　　国学经典伴成长 / 166

　　张开幻想之翼 / 169

　　行走在阅读间 / 173

　　利用校本读物滋养心灵 / 177

　　反复阅读一本好书 / 182

附录：阅读推荐书目 / 185

后记 / 189

> 氛围润泽篇

环境氛围营造，激发阅读兴趣

营造良好的阅读氛围对润泽学生的心灵、激发学生的阅读兴趣有着不可估量的作用。首先要充分创设校内阅读环境，如在教室里组织图书漂流阅读，在阅览书屋中进行涵养心性的静读，在各年级教室旁楼梯下的小空间、走廊的拐角处打造一个个雅致的读书小平台等。其次要充分利用校外阅读环境，如组织读书社团，带领学生走进公园，走入社区，在与他人的交往中深化阅读感悟。最后要优化学生内心的阅读环境，精心呵护学生的阅读兴趣，以多种奖励方式正向引领，激活学生的阅读思维。

氛围润泽篇　　环境氛围营造，激发阅读兴趣

站在脑科学的角度看待阅读

有一年暑假，我在郑州学习时聆听了致力于推广阅读习惯的洪兰教授的报告，其观点引起了我极大的兴趣。她从科学的角度为我们解读了大脑与记忆，其中有这样一个问题：为什么我们背诵了一些东西，以为已经记得很牢固了，可过一段时间又忘掉了呢？她说，那是因为我们只是开启了浅层记忆的区域，而没有唤醒深层记忆的区域。人的深层永久性记忆发生在前脑，她风趣地说，人在做有意思的事情或高兴的时候，前脑就会"亮"起来。明白了这一科学奥妙，对于学生暂时学不会的情况，教师就不用懊恼了，只要想方设法将学生前脑的脑细胞激活就可以了，而阅读就是激活脑细胞最有效的方法。

阅读不仅打开了一扇通往古今中外的门，使人们可以在知识的世界里遨游，还能促进大脑神经的发育。每个人在接受外界刺激的时候，都会激发一连串的大脑神经活动。比如，"写意"一词，人们一看到就会想：究竟是把"写"当动词，指"绘画"，还是把两个字合为一个名词，指"用笔不求工细，注重神态的表现和抒发作者情趣的国画创作方法"呢？在不同的语境中，词语的意思截然不同，所以我们看到后会立刻结合前面读过的句子，去寻找脉络，来解读词语在文中的真正含义。也就是说，我们在阅读的时候，大脑在不断地进行深层分析。因此，愈是经常运用大脑的人，神经元之间的联系就愈紧密，触类旁通的能力就愈高，大脑也就愈灵光。

一个人在阅读的时候，神经元活跃的程度比看电视、电影的时候要高。因为阅读是大脑主动获取信息的过程，而看电视、电影则是大脑被动接受信息的过程——我们的眼睛无法控制画面的呈现，只能被动接受。所以，想要促进学生的大脑神经的发展，应该鼓励他们多阅读、少看电视和电影。

阅读的好处还在于能丰富个人的背景知识。背景知识就像一个筛子，越细密，新知识就越不容易流失。其实，生手与专家的差别，往往并非在于智商的高低，而在于拥有背景知识的多少，背景知识所构建出来的网络，能帮助专家搜寻有意义的信息并顺利解决问题。

此外，阅读能激发想象力。没有想象就没有创造，而想象又与背景知识有关。阅读提供了想象的背景知识，这就是创造的基地。有创造力的人懂得通过广泛阅读，综合已知资源触类旁通。广泛的阅读开阔了我们的视野，使我们能够借鉴别人的经验，从而创造出新的东西。

总之，阅读能强化大脑的神经系统，有益于巩固记忆，开发思维，激发创意，能使神经元联系得更为紧密，增进大脑各区域功能的发展。人的生命有限，而知识无穷，只靠自己积累直接经验，成长的速度太慢，经由阅读能快速积累知识。作为教师，我们要尊重学生的身心发展规律，站在科学的角度引领学生养成良好的阅读习惯，使学生健康成长。

氛围润泽篇 环境氛围营造，激发阅读兴趣

培养孩子的阅读兴趣

关于孩子的阅读兴趣，温儒敏教授说过这样一句话：语文教学的效果好不好，不只是看课内或考试，很大程度上要看课外，看是否培养了阅读的兴趣与习惯。这就是说，对于阅读，孩子一定要有兴趣才行。但是阅读的兴趣从何而来，兴趣点在哪里，该怎样保持呢？

洪兰教授指出：主动是自己愿意去做，神经连接就密；被动是被别人逼着做，神经连接就疏。人不愿意阅读的时候就不要逼他读，因为强加于他是没有用的，他愿意去阅读，才会读得好。

小学阶段是养成良好阅读习惯的黄金时期，是奠定一生发展的基础。阅读要趁早，在学前时期就可以引入。父母可以读给孩子听、指给孩子看，孩子听多了，看多了，熏陶多了，不用我们教他识字，他也能认识；不用我们教他阅读，他也爱读。孩子是一张白纸，任何一抹色彩都会给他留下痕迹，绘成意想不到的图画；任何零碎的语言他都会接收到，并在大脑中生成有意思的故事。也就是说，父母是孩子的第一任老师，家庭是孩子的第一所学校，父母和家庭在对孩子的阅读影响上永远是第一位的。因此，培养孩子的阅读兴趣，首先需要家长细心引导，而且越早越好。

我身边就有这样的一个例子。小姑家的孩子很小就对认知新事物表现出极大的热情，在三四岁的时候，他的姥爷就教他下象棋、军棋、跳棋、五子棋，一教就会，而且他很入迷。从他一岁多刚会说话起，走在大街上，进入超市中，看到门店牌匾、广告宣传单、物品名称标签、商品价格标签、包装袋等上面的汉字，他的妈妈就指给他看，读给他听，每天随时随地都让他无意识地认字、阅读，并且他妈妈每次给他读的时候，都处于愉悦、兴奋的状态。家长这种对学习的渴望、对生活的热情也直接感染了他，他便也进入了积

极的、良好的学习状态。你希望孩子成为什么样的人，你就要做什么样的人。

对于常见的汉字，无论指哪个，小姑家的孩子都能读出来，并且他很喜欢别人问他这些字读什么，一问他就很兴奋。在我看来，他的妈妈正是抓住了孩子表现欲极强的特点，在"教学—展示—得到鼓励—再次积极地学—再展示"这样一个循环往复的过程中激发了孩子一个又一个兴趣点、学习点。教育不是压制、压抑，而是激活、激扬，只有让孩子有浓厚的兴趣和高涨的热情才能取得较好的效果。

小姑家的孩子还没上小学，就能阅读图文结合的儿童读物，刚上小学就已经能顺利阅读浅近的纯文字儿童读物了，比同龄孩子先一步读了好多书，成绩也是一路领先。我很赞同他妈妈的做法，这样从小引导孩子认字、阅读，能使孩子形成极大的阅读兴趣，奠定良好的学习基础，将来一定会有好的发展。

爱尔兰诗人叶芝有言："教育不是注满一桶水，而是点燃一把火。"一切外在的强加都无济于事，我们要做的是引入、点燃、等待、激发。要了解孩子的想法，以鼓励的方式指引，才容易让孩子生发兴趣，只有真心喜欢，孩子的阅读乃至学习才会如顺水行舟。

教育学者张文质提醒我们，教育的核心目的就在于激扬孩子的生命，使其保持能动的状态，成为健康的、健全的、富有责任感的个体，而不是让孩子呆若木鸡、双目无神。我认为小学阶段的任务是使孩子对学习产生兴趣，对科学产生热情；初中阶段要使孩子逐步拥有学科优势；高中阶段则要让孩子选定专业方向。而在这个成长的历程中，阅读应如影随形，一直伴随在孩子左右。

小学阶段的阅读面一定要宽，而不必追求深，经典类的能多积累就尽量多积累，但是千万不能强迫，不能使孩子觉得阅读是一种负担，以免降低孩子的兴趣。孩子年龄还小的时候，要注重书籍的趣味性，童话、寓言、连环画、画册、儿童文学作品等要偏多一些，即便是国学经典类内容，也应选择趣味性强的版本。

关于激发孩子的阅读兴趣，以一年级为例，教师可运用讲故事的方法：

一是教师给孩子讲故事。每天课前5分钟，教师可以给孩子讲一些有趣的故事，使孩子以一种情感体验的方式来理解故事。教师还可以根据故事内容设计一些问题，让孩子带着问题听故事，这样会使孩子的注意力更加集中，更容易记住故事的内容。

二是让孩子读故事。随着孩子识字量的增加，教师要坚持让孩子读故事。在读的活动中，促使孩子与生字多次"见面"，这样既可以帮助孩子记忆生字，又可以促进孩子阅读能力的提高、语言水平的发展。

三是让孩子讲故事。我们可以设计各种有趣的活动，转换角色，让孩子讲故事给我们听。讲故事的过程就是培养孩子说话的过程，也是孩子积累规范的书面语言的过程。

总之，无论是在学前的阅读启蒙时期，还是在小学的阅读黄金阶段，我们都要牢记一个宗旨：培养孩子的阅读兴趣，让孩子在阅读中享受快乐，这样阅读才能持久。只要孩子真正爱上了阅读，养成了阅读习惯，教育基本上就成功了。

书，在教室里漂流

阅读是一个永恒的话题，尤其是对于学生来说，每天都要读书，不仅有行动，还要有计划。为了让学生能够读到更多的书，我们在班级里建立了图书角。

从教三十多年来，我只要带班，这种简单、易行、有效的方法就一直坚持采用，并努力使良好的班级传统发扬光大。如今，我看到大多数学校的班级里都有自己的图书角，大家都重视阅读，这的确是一种非常好的现象。

最初我们图书角的书，有一部分是学校分发的，大多是工具书，缺乏趣味性，不能引起学生足够的兴趣维持持久阅读。于是，我把自己家里一些适合学生读的书拿过来给他们看。即便如此，依然有限得很，学生很快就读完了，得想办法及时充实图书。而要充实班里的图书，就得靠全班同学想办法。

于是，我调查了学生家中的藏书量和种类，特别是适合小学生读的书籍，包括学生自己已经读了哪些，未读的有哪些。通过调查发现，一些学生家里的书很多，有的有几十本，有的有几百本，有的竟然达到上千本，但没有一个学生把家里的书全读完了，有相当一部分的书别说读了，学生连摸都没摸过。这些好书如此搁置实在可惜。于是，我和学生及家长商量，希望每人从家里拿出至少一本书来充实班级的图书角，这样既使图书资源得以共享，又解决了班级图书紧缺的问题。大家听了纷纷赞同。众人拾柴火焰高，我们班的图书角很快充实了起来。

可是怎样让学生充分阅读呢？这些书都是他们非常喜爱的，阅读时必须保护好，才能让学生和家长放心地把书放在图书角。我让每个学生在自己的书上写上班级和姓名，交由大家认可的细心的同学专门管理，还制定了图书借阅公约，每个学生都要履行。图书角定时向学生出借图书，要求学生定时还书。就这样，这些书就在班里"漂流"起来，充分发挥了自身的价值。

自此以后，学生不仅阅读图书，而且经常谈论自己所读的书。一段时间后，我欣喜地发现，他们交流的话题更加丰富了，好多学生由以前信马由缰地聊天聚焦到讨论所借阅的书上。我还引导学生将自己的阅读感悟和与其他同学交流的话题写下来，鼓励学生写读书心得，并两周开一次读书交流会，通过读书交流、好书推介，引领学生从阅读走向悦读。实践证明，以前不会也不敢交谈的学生，经过互动知道怎么去谈书了；原来只会读和说而不会写的学生，现在一下笔就是几百字，思维之门一打开就收不住。家长也反映，学生愿意主动读书和写作了。因为学生把自己的心放在了书上，把自己融进了书中，真正体会到了人物的情感，有真实的感悟和思考，落笔的时候就非常顺畅。渐渐地，学生的阅读和写作水平都有了不同程度的提升。

有一次，在同年级的一个班听课，我正好坐在图书角的书柜旁，就浏览了一下，发现这个班的书有相当一部分和我们班的不一样。听完课，我又走访了其他班级，发现也有一些不同的好书。我就想，如果能在班级之间交换阅读这些好书，对于学生来说不是又进一步增大了阅读量吗？于是我就和同年级的几位老师商量，提议在本年级建立一个好书交换站，定期举行好书换读活动。建议一经提出，便得到了同年级老师的积极响应，大家一致认为这个办法极好。

于是，我们又有了本年级的好书交换站。这些书都来自各班的图书角，分别由年级推选出来的几个学生担任图书管理员，有固定的借阅时间、规范的借书卡，以及相应的图书借阅公约。这个活动一下子把学生的阅读兴趣激活了，他们借书的积极性高涨，读书的愿望增强，读书的好习惯逐渐养成。

为了促进各班图书交换的流通性，我们每月还对各班图书的数量、出借记录、管理制度等进行评比，评出最佳图书角，相应的班级就是推动好书换读活动的最佳班级，负责推动的老师和学生管理

员就是最佳读书人物。

有了爱读的书,学生在平时就能够充分利用时间,实现每天阅读不少于1小时的目标。通过这样的好书换读、资源共享活动,学生的读书生活变得生动、丰富起来。

氛围润泽篇　环境氛围营造，激发阅读兴趣

校园绽放朵朵书花

"丁零零——"一阵悦耳的下课铃声响起，伴着舒缓的音乐和温馨的提醒，上午第二节课结束，该做课间操了。除一年级外，各年级的学生都伴随着轻快的音乐，排着整齐的队伍兴高采烈地走向操场。我信步走向一年级教室前的活动区，有的学生正在欢快地跳绳，有的学生在学踢毽子，还有三三两两的学生正聚在门前，从墙上挂着的"书袋子"里拿书。

"书袋子"是我校开展"做儒雅阳光好少年"系列活动中的一项。打打闹闹是孩子的天性，尤其是刚离开幼儿园才入小学的小男孩儿，在幼小衔接上需要做好过渡，使其养成良好的习惯。为了使学生在大课间不追逐打闹，也为了方便学生读书，学校在每个班级门前的墙上挂起了一个个软布分格的"书袋子"，根据年级特点放置不同类型的书，让学生在课前、课间或放学后阅读。

这种做法深受学生的喜欢。一下课，他们就把"书袋子"围了起来，叽叽喳喳地商量着挑选出自己想读的书。拿到书后，有的等不及坐下，索性站着围成一圈，头挨着头挤在一起，高兴地翻着、笑着、窃窃私语。有的坐在文化长廊的木质条椅上安静地浏览。有的跑到校园里的花池旁沉醉地读着，这是在和鲜花媲美吗？竟叫人恍惚起来，分不清哪是花，哪是学生了。每到下课，瞧着学生沉浸于书中的痴迷神态，欣赏着他们天真可爱的脸庞上洋溢的笑容，捕捉那一个个闪着亮光的清澈眼神，这风景真令人陶醉！

高年级教室旁的"书袋子"里的书就更加多样了。下课后，学生漫步于文学之林，嗅着油墨的芳香，感受着阅读带来的无穷无尽的乐趣。在《红岩》的悲壮与动荡中，体验心灵的震撼；在《巴黎圣母院》沉闷厚重的钟声里，倾听一颗善良的心的跳动；在《简·爱》的生活岁月中，领悟那份感动与坚强；在《高老头》痛苦的晚年里，感受凄凉和悲惨……

这些"书袋子"把学生的视线引向了一个个精彩的故事、一个个崭新的世界，引向了文明儒雅、阳光自信、团结和美、关爱分享，引领他们对未来充满无限的憧憬与向往。作为教育工作者，我们总在想方设法培养学生良好的阅读习惯，希望他们从文字中了解"读书要趁早"的道理，懂得时间是宝贵而短暂的，珍惜眼前的每一分每一秒，健康快乐地成长为一个心灵充实、精神富有的人。

正在我思忖间，三四个学生迎面走来，一看到我就兴奋地说："老师，我们想和您聊聊读书感悟。"我一脸惊喜。

班长先开口："老师，我最近读了《名人传》，我想成为名人，让别人都记住我。"

"你喜欢其中的哪个人物呢？"我问。

"贝多芬。"他不假思索地回答。

"你喜欢他什么？他的一生很不幸。"我抛出一个问题。

"他父亲酗酒，十七岁时母亲病逝，过早承担起家庭重担，终身未娶，双耳失聪，生活在孤独中，却从来没有放弃过自己的理想，创作出许多优秀的音乐作品。无论多么不幸，他都勇于和命运抗争。"他一口气说完了自己的想法。

我竖起大拇指："确实如此，人生难免会遇到磨难，生活中也并非都充满鲜花和欢乐，要想取得成功，就必须迎难而上。"

王莹莹是我们班的"童话公主"，她迫不及待地说："老师，我最近读了《海的女儿》，我希望找到自己的王子，一定不让小人鱼变成海里的泡沫这悲惨的结局发生在我身上。"其他几个学生听了她的话都哈哈大笑。

我顺势说："结局确实挺让人难过的。但现在正是你们学习的黄金时期，要把精力放在学习上，注意力不能转移。等你以后长大了，美丽的爱情自然会出现。"他们听了都笑着点点头。

这时候，"冒险王"李晓峰手舞足蹈地说："老师，我长大后，不仅要把我们中国各地看个遍，还要去欧洲、北美洲，我要走遍全世界。"他接着问我："老师，你能不能猜猜我读的是哪本书啊？"

氛围润泽篇 环境氛围营造，激发阅读兴趣

我心想：他这么爱冒险，最近我又提到鲁滨孙的冒险经历，那肯定就是《鲁滨孙漂流记》了。我一说果不其然。

他笑着说："鲁滨孙年纪不大就出海冒险游历，真厉害！他一个人流落环境恶劣的孤岛，自己在小山边搭起帐篷定居下来，还医疟疾、驯野羊、种粮食、做面包、造独木舟，简直是'超人'啊！"

"你如果一个人出去时遇到了困难，怎么办？要是旁边没有人可以帮助你，你还愿意出去吗？"我用期许的目光看着他。

他斩钉截铁地说："当然了，鲁滨孙敢于冒险、追求自由、乐观向上的精神一直激励着我，我也要去追求自己的梦想。"

……

听着可爱的学生高谈阔论，我真为他们的成长而高兴，为他们懂得努力拼搏而欣慰。这些都要感谢书这伟大的智者所带来的无限能量。

春天有播种，秋天就有收获，阅读是让学生拥有丰富的精神生活的重要源泉，阅读的最终目的就是塑造学生向善向美的灵魂。

小平台，大悦读

"上善若水"出自老子的《道德经》："上善若水，水善利万物而不争。"意思是说，最高境界的善行就像水的品性一样，润泽万物而不争名利。我们提倡学习水的品德，提出了"水之德，师之魂，悦读润智，行健慧生"，其意蕴是让无限的知识如涓涓细流般滋润每一个学生，让像水那样的高尚品格润泽学生，促使学生茁壮成长。

我校充分利用大大小小的空间，为营造良好的阅读氛围做出了积极的尝试，在楼梯间或走廊设置了一个个温馨雅致的图书角，提供有小巧玲珑的书桌、可爱的座椅、精致的书架。同时，学校根据学生的年龄特点，为不同年级的学生放置了不同类型的书籍，创设了各具特色的读书环境。

一年级教室走廊的图书角，墙壁装饰以蓝色的海水为背景，绘有白色浪花，红色的海星、棕色的海螺、白色的贝壳点缀其间。学生在这样的环境下读书，幸福地沉浸于书本所描写的故事中，充分展开想象的翅膀。

二年级的楼道图书角背景设计为"生命书屋"，墙上的画面为几个小朋友或躺或趴或站，以各种放松的阅读姿势置身于书的海洋里，旁边贴有学生在家读书的照片；墙面下方贴有飞舞着的活泼可爱的小蜜蜂、美丽的鲜花图案；边上摆放着几个像蜂房一样的六边形多功能小书架，上可坐，下放书，设置精巧，形成了一个趣味横生的童话世界。这样的"生命书屋"，令人感受到阅读中蕴含的生命意义：生命不息，阅读不止；智慧之路，书本起步。

三年级的图书角设在教室旁的楼梯下，有着一树树红色的"枫叶"。立体的红"枫叶"置于枝头，粘贴于墙上，似飞舞的蝴蝶正徐徐飘落。学生置身于这美丽的环境中，心情愉悦，更容易产生读书的渴望。

氛围润泽篇　　环境氛围营造，激发阅读兴趣

　　四年级教室旁楼梯下的图书角，墙壁装饰以白色为底色、蓝色为主色，画面上蔚蓝的天空中飘着朵朵白云，底部有蓝色的海水照应，一个个写有字母的小水珠似活泼的孩童在跳跃，好似在启迪学生：只有点点滴滴的积累，才能汇聚成知识的海洋。蓝色给人以沉着冷静之感，白色给人以遐想悠远之感，几个形状别致的镶蓝边的白色书架置于墙边，蓝白相间的凳子散布四周，创造出宁静的阅读氛围。

　　五年级教室走廊的图书角设计得也很精致。墙体上部绘有浅蓝色的海水，一个个白色小圆点代表着一朵朵浪花，几叶红色帆船在海上漂流，最醒目的是红白蓝相间的灯塔，像是在给人指明方向：乘一叶扁舟，弄潮于知识的浪头；持一本好书，徜徉于宽广的书海。灯塔形状的小书架放置在靠近墙壁的位置，与背景相呼应，既实用又美观。图书角除了大量的图书，还展示了"书香家庭"亲子共读的照片。

　　学校还制定了图书管理制度，要求学生文明阅读。例如：课余时间，由责任班级管理员管理图书；图书角的书只能在图书角阅读，要爱护书籍，不在书籍上随意涂画；阅读后要将书籍和椅子归位，做到轻拿轻放，保持安静、卫生、有序的阅读环境；等等。

　　有了这样的阅读平台，学生利用课前、课间或课外活动时间，便可随手拿本书认真阅读，不仅可以随心所欲地畅游书海，也可以与其他同学交流学习。学校还组织了好书推荐活动，让学生以书面形式推荐书目并说明推荐理由，将其粘贴在栏目板上，供其他同学参考，以达到好书共享的目的。这一活动的开展极大地促进了学生的阅读热情，使学生读书的愿望更强烈了，交流的话题也更丰富了。

　　例如，贾涵玥推荐的书是高尔基的《童年》，他在推荐理由中写道："这是一部自传体小说。高尔基以自己的童年生活为基础，揭露了俄国沙皇时期的黑暗残暴，而高尔基从小就生活在这样的环境中，受尽了折磨与欺辱。高尔基小名叫阿廖沙，他随母亲来到外祖父家，这是他艰苦命运的开始。因为外祖父脾气暴躁，阿廖沙常因犯错而被痛打，两个舅舅常为分家而争吵，这一切都在他幼小的心灵中留

下了阴影。后来，他离开了外祖父家独自踏上社会，在许多地方打杂时也饱受欺辱，但他坚强不屈，依靠信念支撑，最终挺了过来。高尔基在童年时期面对苦难涌动的向上与坚强似颗颗珍珠，全书犹如珍珠穿起的晶莹项链，文笔优美，描写引人入胜。"

又如，有的学生推荐了曹文轩的《草房子》，推荐理由："故事发生在油麻地，描写了主人公桑桑刻骨铭心的六年小学生活，讲述了五个孩子的成长历程。"

再如，有的学生推荐了《淘气包埃米尔》，推荐理由："埃米尔虽然淘气，但很勇敢，是善良的天使，虽然一年到头都在闯祸，却是孩子们的好朋友。"

学校楼梯、走廊等处各式各样的开放式图书角，充满了爱心和智慧，给学生带来了无限的遐想。学生在课余时间充分阅读，使生命历程溢满书香。不起眼的小角落，竟然发挥了如此巨大的作用。看来，阅读不在于拥有多么宏大的场所，只要用心为学生创设良好的环境，再小的空间也是阅读的好地方。

氛围润泽篇　　环境氛围营造，激发阅读兴趣

在阅览书屋中静静阅读

学校一直很重视学生的阅读，每班每周都有一节 50 分钟的大阅读课，这节大阅读课，学生要到阅览书屋里上。

几年前，学校的新教学楼一落成，就划出两间大教室作为学生的阅览书屋。可是由于资金有限，购买图书成了问题，于是学校召集家长委员会成员商量，提出希望由家长帮忙筹措书籍。这个提议得到了家长们的全力支持，他们表示：家里的书很多，可是孩子没有时间全部看完，与其闲置在家，倒不如拿出来与大家共享，这样更有价值，每人拿出一本，放在一起便有几百甚至上千本可读；由教师组织学生一起阅读，效果肯定会更好。这是两全其美的事情，必须支持。我们规定，拿来的书都写上班级和姓名，只供阅读不外借，学生毕业时可以收回。就这样，一经发起，每个学生至少贡献了一本，有的拿来两三本，还有的一下子拿来了十本，两个阅览书屋很快就充实了。

在阅览书屋的布置上，我们给学生创设了开放的阅读空间。按年级段分开使用，一、二、三年级为一段，共用一个书屋；四、五年级为一段，共用另一个书屋。书屋的四周靠墙排列着若干书架，每班一个，所有的书归类标号排放整齐。阅览书屋和一般的阅览室不同，不放凳子和桌子，而是在地板上铺地毯，室内放置生机勃勃的绿植，墙壁上还有精美的装饰等，为学生营造一个温馨、舒适、放松的读书环境。

由于几个年级的学生轮流不断地在阅览书屋阅读，所以安静有序的环境及卫生情况就成了需要考虑的问题。我们在书屋的门口为每个学生都准备了鞋套，并制定了阅读公约，凡来阅读的学生皆要遵守：一是进屋需穿上鞋套；二是要保持安静；三是阅读后要把书放回原位，对照编号与格间位置码齐；四是阅读课的当晚写出读书

从阅读走向悦读
——如何提升学生的阅读兴趣与能力

心得。

在阅览书屋阅读，不同于在教室中阅读。在教室里阅读一般是由教师引领，或是围绕一个主题。而在阅览书屋中，教师要把时间完完全全地交给学生，让他们自由自在地畅游书海。

学生非常喜欢阅览书屋。一到阅读课的时间，学生早早地就来到阅览书屋，有的学生甚至提前半小时就在这里等候。在班主任的组织下，学生穿上鞋套，一个个有序地进入书屋，从书架上认真挑选自己喜欢的书，津津有味地阅读。在这里，学生不必像在教室里那样正襟危坐，他们在自然放松的状态下想以什么样的姿势读书都可以，随自己喜欢，只需注意不发出任何干扰的声音，以免影响他人。有这样的阅读环境，我敢肯定，没有哪一个学生是不愿意来的。傅国涌老师说："教育就是与美相遇。"借用他的话，我觉得，阅读就是与美相遇。请试着想象这种情境：学生在阅览书屋里找到自己喜欢的书，或坐或倚，就这样每周与书中的故事和智慧相逢，这是多么美妙、多么享受的事情啊！

刚开始，学生对这样的环境感到新奇，有的坐不住；有的静不下心来读；有的读不进去；有的拿起一本，刚翻了几页，就又塞回去，重新寻找另一本；有的总想和同学小声说话，难以抑制激动的心情。但在上了一两节课之后，学生的心就逐渐沉静了下来，把视线落到了书上，当他们明白在这里的读书时间是属于自己的，就非常珍惜，也非常享受了。比起家里，这里书的种类更加丰富，而且在这样别具一格的环境里，和全班同学一起静静地阅读，他们的内心是喜悦的，收获自然是丰硕的。他们静静地读着，认真地读着，有时还忍不住笑起来，你能感觉到这场景是多么美。50分钟的时间本已不短，可是在下课铃声响起的时候，学生都不情愿地站起来，有的还不无遗憾地说："怎么这么快就下课了？我还没有读完呢！"然后把书放回原位，恋恋不舍地走出书屋。看来，学生是真心喜欢这间书屋了。作为教师，我看在眼里，喜在心上，为学生能有满满的收获而高兴。

通过与家长沟通以及从学生的读书心得里都能看出，在这样的书屋里阅读,学生发生了很大的变化,他们对书屋越来越喜欢,对书越来越热爱。有的学生在分享交流会上这样说:"我们学校有一间阅览书屋,那里的书真丰富,我可喜欢了。可是,一周只有一节课能去书屋读书,如果多安排一节课就好了……"

学生还写出了真实的读书感悟,比如,申一帆这样写道:"数着指头盼望着的这节阅读课终于到了,我一进阅览书屋立刻就找到上周没有看完的那本书,津津有味地看了起来。每次读一本书,我都有融入其中的感觉,更有趣的是,从书里能找到我的影子。那些写书的人可真了不起,每本书都写出了我的心声。上周看完的《青蛙合唱团》,我觉得自己就是其中的马小跳,因为我和他一样喜爱小动物,也有三个最要好的朋友……书就是一缕温暖的阳光,我每天都被它照亮;书就是我最好的朋友,我每天都要和它谈心,它有时让我哈哈大笑,有时让我沉静。书,能让我穿越到另一个时空,感受不一样的世界……"

我们在阅览书屋中,引领学生用50分钟静静地阅读,使课内阅读更加高效,使学生的读书感悟更加真实、深刻。第二天我们还会利用早课5分钟分享读书感受,从而碰撞思想,激发灵感。

作为教师,我感到这是一种非常好的办法,是在做一件幸福的事情。长此以往,这样的读书方式必将引领学生养成良好的阅读习惯,养成读即思、思即写、写即分享的良好习惯。

读书社团——城市的缕缕阳光

我国在2006年就开展了"全民阅读"活动,十几年来全民阅读渐成燎原之势。近年,我所在的城市也提出了"打造书香城市"的口号,口号一经提出,大家纷纷响应,其中行动最迅速、反应最热烈、往往也是最见效的当属学校。我所在的学校就率先行动起来,每个班级自发成立了若干个读书社团,"萌芽""晓荷""鸿鹄""悦读""星火燎原""书海拾贝""博览群书""书香致远"等读书社团就这样如雨后春笋般迅速地成长了起来。

这一个个小小的读书社团分别由10个左右的学生自发组成,他们一般在节假日利用半天或一天时间,带上书本去拥抱大自然,在大自然之中进行生命与生命的对话。这相较于平时在学校的课堂里,或独自一人在家里,或在图书馆里的阅读来说,增添了无限活力。学生在刚开始的几次活动里还有些玩玩闹闹的意思,可进行了一段时间之后,就有模有样了。

我们这座城市是宜居新城,拥有生态、园林、卫生、文明、旅游等多方面的荣誉称号。如今,许许多多的读书社团打着标语,带着书本,走出家门,走出校门,走向活动中心,走向公园,走向大自然,他们与风声鸟鸣相谐,与花香、书香相融,使这座城市更加朝气蓬勃。

可以说,这一个个读书社团就是城市的一缕缕阳光,是可以燎原的星星之火。生命不息,阅读不止,智慧之路,书本起步,已然成为我校学生的新常态。

一、"快乐成长"读书社团,与风声鸟鸣相谐

一起来看看我校四年级二班的"快乐成长"读书社团。这个读书社团以"阅读 进步 和谐"为宗旨,提出了"每天坚持阅读20分钟"的口号,鼓励社团成员自主阅读,每周都会组织一个主题阅

读活动，如"寻找秋天的足迹"远足活动，"畅游书海，感恩老师"诗歌朗诵比赛，"社会与校园"热点讨论，等等。

人间四月芳菲时，满城书香添风华。又是一个周六的早晨，"快乐成长"读书社团在老师、家长的带领下，来到中原绿色庄园，寻一处静谧之所，手执一本书，选取自己喜欢的篇章开始阅读、背诵。十几分钟后，小主持人逐个检查，大家真棒，全部通过。而后，学生与其他成员分享自己知道的小知识、小故事，有的还向大家展示了话剧表演。在这里，学生避开外界的喧嚣，恬适地享受着属于自己的阅读时光。

二、"博爱"读书社团，与花香书香相融

阅读不能仅仅停留在书本上，还要行万里路，这样一静一动相得益彰。这不，"博爱"读书社团的学生相约周六前往曹州牡丹园。与一般游客不同的是，大巴里每个学生的手上都拿着一本《千字文》。"天地玄黄，宇宙洪荒。日月盈昃，辰宿列张。寒来暑往，秋收冬藏……"国学经典，朗朗上口。来到园里，学生争着一睹牡丹花绚丽多彩、雍容华贵的芳容。一个男生从地上捧起花瓣向空中撒去，花瓣落在大家的头上、脸上，个个瞬间成了花仙子。学生忘我地在花海中嬉戏，欢快的笑声和怒放的牡丹相映成趣，凸显出旺盛的生命力。游戏之余，学生也不忘了解牡丹的知识。身临其境，大抵就能够明白"庭前芍药妖无格，池上芙蕖净少情。唯有牡丹真国色，花开时节动京城"诗句的真正含义了。尽情欣赏的时候，他们或拍照或记录，可谓兴致盎然。开心返回，车上又响起了"天地玄黄，宇宙洪荒……"的诵读之声。

三、读书社团，公园中最美的遇见

我有个习惯，喜欢双休日在学校里走走。走在宁静的校园中，似乎能感觉到大楼均匀的呼吸，槐树在眨眼，木瓜在招手，鲜花在微笑。

又到周六，我照例驱车前往学校。一路迎着蓝天、旭日及微微的风，行至西山公园时，老远就看到一群穿校服的学生，旁边还竖

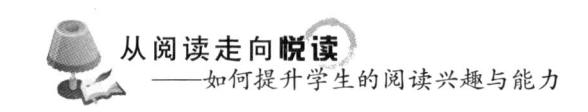

着一面旗帜，但看不清上面写的是什么字。咦，难道是我校学生的读书社团在活动？于是我停好车，快步走过去，仔细一看，原来是双语实验学校的学生。我十分高兴：读书社团已在各校流行起来，大家都更加重视阅读。读书社团活动将学生共读和亲子互动融合在大自然的怀抱，和小草大树对话，与青山绿水交流，读书、游戏、讲故事，形式丰富多彩，深受学生们的喜爱。在他们中间伫立片刻，我微笑着悄然转身离开。

继续向前，我看到小亭子旁树木掩映之间又有一群学生的身影，原来这是我校五年级的读书社团在活动。我走到近前，却不敢惊扰，便把步子放轻、放慢，侧耳聆听。啊，他们在吟咏屈原的《离骚》："路漫漫其修远兮，吾将上下而求索……"

继续向前，那边的读书社团在浅唱《琵琶行》："千呼万唤始出来，犹抱琵琶半遮面……同是天涯沦落人，相逢何必曾相识……"

学生嘹亮的读书声充满了对美好未来的无限憧憬，他们热情洋溢，神采飞扬，可谓闪耀在城市中的一缕缕阳光，为城市涂上了一抹温暖的亮色。

氛围润泽篇　环境氛围营造，激发阅读兴趣

相约图书馆

　　如果说一本好书是一株治愈人心的药草，那么图书馆便堪比百草园了。对于正在成长的孩子而言，广泛阅读不仅是开阔其眼界的好方法，更可以帮助他们树立正确的人生观、价值观。

　　我的女儿在北京航空航天大学读书，不能常见，一通电话往往是最快捷、最方便的沟通方式。几乎每次打电话的时候，都是在她从图书馆出来回寝室的路上，我和她经常交流读书的感悟，从与她的交谈中可以听出读书给她带来的快乐。能在书中找到志同道合的朋友，以文字这种最质朴的方式交心，学习他人的经验和智慧，实乃人生之大幸。

　　有一次我去北京看她，我们俩决定去国家图书馆参观。国家图书馆楼宇之气派，藏书之丰富，让人油然而生读书的欲望。从杂志、报纸、论文到厚重的古籍、手稿，分类明确，每层都有热心的工作人员和便捷的自助机，帮你快速找到想要读的书。这样的图书馆，一定能激发学生的求知欲。我想，这种欲望的背后，是一种隆重的仪式感。说到阅读，在哪里不可以读呢？家、咖啡馆，或者是地铁、公交车上，都可以。而图书馆有其独特之处，它将人与世间琐事隔离开来，给人一段专属时间，使人将自己全身心交付给阅读，使得阅读质量显著提升。所以在周末，家长可以抽出一段时间，带上孩子去图书馆阅读。

　　学校也组织过班级图书角的活动，学生把家里的闲书或自己想分享的好书带到班里，写上自己的名字后将其放在教室角落的书架上，供大家借阅。这样既调动了学生读书的积极性，也增强了同学间的互动交流。每周班会结束后开展读书交流会，学生将自己的读后感写成日记，分享心得体会。但一个班的图书仍然有限，所以图书馆恰好能满足学生需广泛阅读这一要求，自然是阅读的首选地点。

孩子处在成长期，心智尚未成熟，若能正确引导，将为其以后的发展奠定基础。孩子周末去图书馆阅读，远远胜于窝在家中看一天电视。在图书馆中，孩子感受文字的魅力，激发出对知识的渴求，从而找到自己的兴趣点，明确自己的发展方向。图书馆肃静的氛围，让孩子可以专心致志地阅读，大大提高阅读效率，养成良好的阅读习惯。

孩子平时在学校的学习主要依赖教师和课本，所学知识也是有限的。而图书馆这样一个平台，提供了广泛学习知识的机会，能引导他们主动思考问题，极大地提升了他们的自主学习能力。周末带着孩子去图书馆吧，引领孩子郑重地对待阅读。处于浩瀚的书海之中，又有谁会无动于衷呢？

英国哲学家培根说过："读史使人明智，读诗使人灵秀，数学使人周密，科学使人深刻……"所以，一个人若想有所建树，就要储备丰富的背景知识，就要与书为伴。孩子从小养成良好的阅读习惯，定会终身受益。有人说，每一个成功者都是阅读者。综观成功人士的经历，的确如此。书中有很多他人的经验财富，我们从阅读中学习，日积月累就生成了自己的精神财富。

怎样的奖励最有效

我很怀念小时候在农村的生活，简单、朴素而纯净。虽然那时物质并不富足，比如，面包只有大方形一种，但味道醇香。而今天的面包，无论是品牌还是样式估计能有上百种，可对我而言吃起来总感觉缺少了那盈满心头的幸福味道。

母亲曾告诉我们姊妹几个：在读书学习上，大人帮不了你们，书读好了，命运就掌握在自己手中了，读不好也怨不得别人。所以，懂事的我们就拼命读书学习，也能体谅大人的辛苦，都抢着干活。读书取得了好成绩，没有物质上的奖励，有的只是大人脸上满溢的喜悦与发自内心的夸奖。这来自精神上的奖励在我们读书奋斗的历程中，简直是一剂强心剂。

如今的一些父母面对孩子在读书学习上取得的好成绩，往往会给予物质奖励。一方面是为了表扬孩子，另一方面则是父母对于自己小时候得不到的，现在希望给予孩子更多，这在心理上对自己或许也是一种安慰和补偿。

有时我也不由自主地这样做。妹妹家的老大正在上初中，老二上小学，两个孩子都很懂事，招人疼爱，见面常常说到读书学习的话题，有时我就会说："好好学习，考好了带你们去吃大餐，给你们买玩具。"最初我以为这就是给孩子鼓励加油。后来我想，吃大餐、买玩具等在物质上的给予，或直接给钱让孩子爱买什么买什么的做法，其实并不能完全满足孩子精神上渴望奖励的需求。教师也有以棒棒糖、小橡皮等物质奖励刺激学生学习欲望的，但要注意这些奖励措施都要做到适度把握。

如果以钱或物去鼓励某种行为，也许在短时间内有效，但是长期下来学生的学习动机就会减弱，失去内驱力。这就是为什么用物质鼓励孩子考 100 分，时间久了就会失效的原因。我们想要激发孩子的进取心，不可把重点放在物质奖励上，而要想办法激发其荣誉感和自我价值感。

所以，真正的爱不应该是有条件的。对孩子最好的奖励是从内心里喜爱，用语言去赞美，受到表扬后孩子就会更加努力以赢得更多的喜爱和赞美。这就是为什么要想改正孩子的短处，最好的办法就是放大其长处，看到自己的长处孩子就会更自信，更积极努力。

一次，女儿和我聊天，谈到她的一个同学上初中时努力学习的原因是发现自己学习好了，大家除夸赞她以外，对她比之前更好了。这就是孩子感受到了别人的尊重，并希望通过好好学习继续获得尊重。

阅读习惯的培养也一样。当孩子感到阅读是为了别人，在家长或教师的督促下才去读，时间长了，动力就会不足；当孩子感到阅读能满足自己的好奇心、获得美感，培养的阅读习惯才会更持久。

那么，作为教师，我们怎么奖励孩子才好呢？

首先，最好的奖励是真诚的、赞扬的话语，这是最重要、最及时、最长效的方法。而以话语奖励的具体方式有很多种，可以在班级里面对面地夸赞，或评选"每周一星""读书小能手""读书小标兵"等，从精神上去激励，让孩子在同学中间成为榜样。还可以向家长夸赞孩子，发奖状或喜报、打电话或写联系册等，要注意做到及时、恰当、不夸大。

其次，对于低年级的孩子，教师可以剪裁精美的小图案作为小奖品，如"小红花""红五星""金苹果"等，孩子达到一定的阅读量，奖励其一朵"小红花"，集够十朵"小红花"可换一颗"红五星"，集够十颗"红五星"可换一个"金苹果"，集够十个"金苹果"可得一张奖状，获得奖状的孩子可以拍照上榜。

最后，对于孩子，我们除了给予语言上的赞美、鼓励外，也可"大开脑洞"，想出有趣的奖励办法来。如教师承诺当孩子的阅读量达到一定程度时，自己会在学校操场上跑一圈等。这种做法可体现出教师和学生的平等、民主，而且传达出一个信息：我们在一起努力着。同时，给了学生一个看得见的结果，虽然这个结果看上去好像与阅读无关，但是它极具吸引力，富有趣味性，能使学生在整个阅读过程中保持快乐的心态，积极地去阅读。这其实是抓住了孩子具有强烈好奇心的特点，是在遵循孩子身心发展规律的基础上想出来的办法。这些有趣的、无关功利的奖励，也的确能够激励孩子多多阅读。

课堂渗透篇

课堂情境创设,培养阅读兴趣

课堂是培养学生阅读兴趣的主阵地。我们提倡开放式的阅读教学,使学生在多维、立体的广阔阅读空间里交流思考,提升发展。要创设有趣、和谐、安全的场域,巧妙运用情境激励、表演激励、榜样激励、竞争激励、游戏激励、活动激励等手段,使学生越读越爱读。反复的读说演练,让学生用自己的话讲书中的内容,提高其语言表达能力。要把握好读通、读懂、读透、赏读四种手段,培养学生理解、欣赏与评价的能力。要教给学生圈点批注等阅读方法,激发学生求知的内驱力,使学生进行深度的思考,形成独立的见解,逐步在思维的深度、广度及语言品质上达到更高的水平。

课堂渗透篇　课堂情境创设，培养阅读兴趣

开放教学是为更好地激活兴趣

语文学习的外延与生活的外延相一致，这里的外延实际上主要就是针对阅读来讲的。语文教学从一定程度上来说也是阅读教学。阅读就像穿衣、吃饭一样平常，是一个人每天都必须做的。

陶行知先生曾提出"六个解放"，即要解放学生的头脑、双手、眼睛、嘴巴、空间与时间，使学生敢想、敢干、会观察、多交流，去阅读社会与自然这两本大书，对宇宙发问，和万物为友，收集丰富的资料，开阔眼界，发挥创造力。

随着以"互联网+"为核心的信息技术的应用，生活中时时有阅读，处处有语文，生活的一切时间和空间都是语文阅读学习的场所。语文阅读教学正面临着新的挑战，要利用好"互联网+语文""大数据"去阅读，学会对信息进行甄别、筛选，就必须进行全方位的开放。

在语文阅读教学中，学生是学习和发展的主体。要全面提高学生的语文素养，在倡导自主、合作、探究学习方式的基础上，就必须进行开放式的语文阅读教学，大胆地全方位开放，使封闭的阅读教学向课前开放，向课堂上开放，向课后开放，让学生在多维、立体的广阔空间里阅读交流，学习思考，提升发展。

一、让语文阅读教学向课前开放，突出自主性

语文阅读教学向课前开放，就是指学生在上课前的时间，在预习的过程中，根据需要主动阅读与文本相关的书籍，查阅资料，询问家长，提前自主学习课文，了解与课文相关的知识，将自己不理解的问题记录下来，拿到课堂上探讨研究，参与课堂教学的质疑和反馈。在这个过程中，阅读大量文本，筛选、甄别材料，是学生要做的重要功课。

做好课前的开放，我们要注意两点：一是学习方式上的开放，学生可以灵活选择翻阅书报、上网浏览、收听广播等多种方式；二

是呈现形式上的开放，学生可以摘录、绘画、表演等，可以根据自己的喜好自由选择呈现形式。这样一来，就能够获取课堂以外丰富多彩的资料，使学生不仅加深了对学习内容的理解，而且开阔了视野，增长了知识，提高了收集和处理信息的能力，使学生的触角由课内向课外延伸到广阔的社会生活中去。

比如，在学习毛泽东的《卜算子·咏梅》这首词的时候，教师在课前可以设计如下几个题目，供学生选择完成。

1. 收集关于"词""词牌"的知识。
2. 收集以前读过的有相同词牌名的词。
3. 收集有关梅花的文字、图片。
4. 收集文人赞美梅花的诗词。
5. 收集毛泽东的其他诗词。

让学生根据自己的能力或兴趣，选择其中的一两项内容，通过阅读书报、上网查询等多种方式，收集自己需要的资料，在课堂上进行互动，通过师生、学生之间的信息交流，相互补充，从而实现资源的共享、知识的共建。

像这样的课前阅读学习，其方式和内容完全取决于学生自己，而非千篇一律，从而使学生的灵性、悟性、创新能力都得到了充分发展。

二、让语文阅读教学向课堂上开放，体现实效性

语文阅读教学向课堂开放，就是指在课堂教学中营造民主、和谐的氛围，创设自主、开放的语文阅读学习情境，鼓励学生用适合自己的方法与策略进行阅读学习，让课堂变得灵动，焕发活力，让学生成为语文阅读学习的真正主人。

让语文阅读教学向课堂上开放，我们要尽力做到五个"允许"，即允许学生自主选择学习目标，允许学生自主选择学习内容，允许学生自主选择学习方法，允许学生自主选择学习伙伴。

下面是我教学《黄山奇石》一课的几个片段。

教学片段一：创设情境，导入新课。

师：同学们，闻名中外的黄山位于我国安徽省南部，它秀丽神

奇，尤其是形状各异的奇石有趣极了！同学们，你们想去神奇秀丽的黄山旅游吗？

生：想！

师：告诉大家，现在就有一个好机会。今天，李老师接到了黄山风景区工作人员的一封信，请同学们一起来看一看。请看大屏幕，谁来读读写的是什么？

启　事

为迎接黄山旅游月活动，黄山风景区招募小导游40名。年龄在6~12岁的小学生均可报名，欢迎同学们在暑期到黄山当小导游。

黄山风景区
2017年6月

师：同学们，想利用暑假时间去奇妙的黄山做小导游吗？

生：想！

师：要成为一名合格的小导游，培训很有必要。《黄山奇石》这篇课文就是很好的导游词，这节课我们就以《黄山奇石》为例，举办小导游培训班，好吗？

此环节的设计目的是把学生带入情境之中，激发学生的学习兴趣。举办小导游培训班仅仅是一种形式、一种手段，其目的是通过新颖的形式，引导学生投入学习活动之中，调动学生的学习积极性，使学生主动学习、主动读书。

教学片段二：自主选择内容，学习积累语言素材。

师：同学们，黄山上的岩石奇形怪状、姿态万千，有的像栩栩如生的人物，有的像活泼可爱的小动物。你们想不想把神奇有趣的岩石景点介绍给别人呢？现在就请同学们选择自己喜欢的一两块奇石，自己先练习说一说。

（学生练习）

师：你准备向大家介绍哪一块奇石呢？

生：我准备向大家介绍"仙桃石"……

师：听了他的介绍，你知道了什么呢？

生：我知道了"仙桃石"的样子好像从天上飞下来的一个大桃子。

生：我还知道它落在山顶的石盘上。

师：谁还想介绍一块奇石？

生：我想介绍"猴子观海"……

师：听了他的介绍，你看到了什么？

生：我看到了这块奇石在一座陡峭的山峰上。

生：我看到它像是两只胳膊抱着腿，一动不动地蹲在山头，望着翻滚云海的猴子。

师：你想向大家介绍哪一块奇石呢？

生：我想向大家介绍"仙人指路"……

师：还有一块奇特的岩石，等着你向大家介绍呢！

（学生纷纷举手，教师指名介绍）

师（小结）：听了你们的介绍，我感到黄山的这些奇石，真是一块比一块有趣呀！

让学生在熟读的基础上自主选择一块奇石进行介绍，既帮助学生感悟、理解了课文的语言，又使学生丰富了自己的语言，还进行了语言表达训练，使学生在自主选择内容的练说中，突破了教学重难点。

教学片段三：模拟导游，表演课文。

师：刚才同学们介绍得有声有色、形象有趣。下面，我们以小导游的身份来表演怎么样？请同学们以小导游的身份把四块奇石向游客介绍一下，看谁最像小导游。自己先练习一下，再在四人小组内练习。

（指名小组展示，教师指导）

师（小结）：听了大家介绍，我觉得这些不起眼的石头真是太奇特了！我想，游客们听了你们的介绍，也都会像我一样，对你们竖起大拇指的！

在引领学生充分读书的基础上，让他们以小组为单位成立一个小旅游团，轮流扮演导游，其余学生扮演游客。"导游"把课文改写成导游词向"游客"介绍，"游客"可提出问题，由"导游"回答，当然，"游客"也包括教师在内，教师可以提问，也可以补充。这样一来，角色转化产生的新鲜感，就能激起学生学习的积极性。表演不是目的，而是引导学生讲述课文内容的手段，这种课堂表演不仅使学生内化了课文语言，还进行了口语交际训练。在角色意识的驱动下，他们一个个全情投入，仿佛进入了现实生活的情境之中，由"扮演角色"到"进入角色"，由学习的"被动角色"到"主动角色"，充分发挥了自身的主体作用。

教学片段四：为不知名的奇石命名。

师：同学们，闻名中外的黄山上有无数有趣的岩石。除了课文中介绍的这些有名字的奇石外，还有许多叫不出名字的奇形怪状的岩石，等着你起名字呢。大家看，这里就有几块有趣的岩石（课件出示）。远远看去，有的像人，有的像物，有的像飞禽，有的像走兽。请同学们仔细观察，选择你最感兴趣的一块，给它起个名字，再说说它是什么样子的。请你发挥想象力，向大家介绍吧。

（学生先自己练习，然后和同桌练习，最后向全班展示）

生：我觉得那块石头像一个古人……

生：我觉得那块石头像一只青蛙……

师（小结）：同学们的想象力都非常丰富，语言表达也很流畅，不仅使大家感受到了奇石的确是黄山的一大景观，而且对各位小导游留下了深刻的印象。

此环节的设计是仿说的延伸，是创造性思维训练。学生自主选择说的内容，自我创新说的方式，自主练习，再与同桌合作学习，相互交流，使每一位学生都得到了锻炼，既培养了学生的观察能力，又培养了学生的想象能力和语言表达能力。

这样的课堂开放形式把单纯的以教为主的课堂教学引向以师生互动、生生互动为主的多形式的教学，使学生在轻松愉快的氛围中充分发表自己的意见和见解，有足够的时间通过阅读实践主动去获得知识，提升能力。其实，这并非为了形式上的热闹，主要是看课堂的开放度是否符合教学三维目标的需要，是否全面提高了学生的语文素养。

三、让语文阅读教学向课后开放，凸显多样性

语文阅读教学向课后开放，是指将教学向课后延伸开去，让学

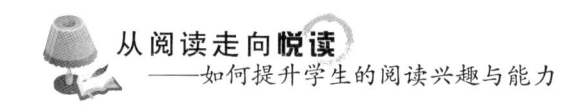

生在课后完成贴近生活、重在实践的开放性作业,从而增加语文阅读实践的机会。教师可以从以下几方面着手:

一是在作业的内容上开放。教师可以给学生提供形式多样的"自助餐"式的作业,供他们挑选,也可以为他们提供能充分展示自己才艺特长的作业。

二是在作业的形式上开放。学生或动口、动眼,或动手、动脑,或查询资料、调查访问,或实践操作、亲身体验,完成作业的形式均由自己来定。

三是在完成作业的方法上开放。学生可以自己独立完成,也可以与几个同学合作完成,还可以请家长协助完成。

四是在完成作业的时间上开放。学生可以当天完成,也可以用一周或几周的时间完成。

五是检查作业的方式开放。如举行活动、开展竞赛、汇报交流等,学生可以根据不同的内容选择不同的方式。

比如,在学习了《葡萄沟》一课以后,教师可以为学生提供几项作业让他们自选。

1. 画葡萄,然后根据课文内容为一串串葡萄上色,将完成的作品粘贴在教室里,布置一个"葡萄园"。

2. 充满感情地朗读课文,读出葡萄沟物美景美人更美的意境。

3. 假如你去葡萄沟旅游,你觉得维吾尔族老乡会怎样招待你,请写一写。

4. 请你为吐鲁番的葡萄干设计广告。

这样就把作业设计成多种多样有创意的语文实践活动,让每个学生都有自主学习、充分施展的机会。

有一位教师和我交流教授古诗《望庐山瀑布》一课的经验,在作业布置上她很有想法。她让学生设计能充分展示自我个性特长的作业,并在一周之内完成。一周之后,这位教师收到了各种各样的令人惊喜的作业:有的在作业本上认真抄写了这首诗,有的画了一幅山水画并写上了这首诗,有的发来一段自己配乐的诗朗诵视频,有的用自己的话描述了这首诗的意境,有的将这首诗改写成了一篇写景的文章，有的摘录了李白其他的诗……这位教师把千篇一律的作业变为多种多样、富有创意的语文实践活动，让每个学生都有自主学习、阅读交流、主动探究、施展才华的机会，培养了学生学会学习、学会求知、学会交流的意识和能力。

  总的来说，语文阅读教学无论是在课前、课中还是课后，都需要做到开放。开放式的语文阅读教学，能使学生将课内与课外的阅读学习有机结合在一起，真正发挥师生双方在教学中的主动性和创造性，为学生的可持续发展奠定基础。

从阅读走向悦读
——如何提升学生的阅读兴趣与能力

用自己的话讲书中的内容

我们想方设法把学生引进阅读的大门，让学生进行大量的阅读、广泛的积累并形成深刻的体会，其目的就是让学生能够更好地运用——运用于自我的感悟理解，运用于口头的表达互动，运用于书面的表达交流，运用于提升自己的文化底蕴。作为语文教师，我们要在教学中注重学生对语言的积累、感悟和运用，尤其要重视朗读的基本技能训练，使学生体验情感、培养语感、提高感受力和理解能力，给学生打好语文基础。

那么，怎样使学生更好地汲取文本精华，得到丰厚的滋养呢？在低年级的语文阅读教学中，可采用灵活多样的方法，以让学生"用自己的话讲书中的内容"作为主要形式。因为低年级的语文教材中大都是浅显易懂的小故事、儿歌、儿童诗等，语言简洁明快，朗朗上口。"用自己的话讲书中的内容"，则摒弃了教师烦琐的分析，学生通过对文本反复读、练、说，可把不熟悉的书面语言转化为熟悉的口头语言，用规范的书面语言规范口头语言，用丰富的书面语言丰富口头语言，通过初步内化课文语言，达到理解语言、积累语言、发展语言的目的。这个过程有层次、有梯度，循序渐进，遵循了学生的认知发展规律。

在语文阅读教学的实践过程中，我尝试着采用"读读—说说—演演"的方式，对学生进行规范语言的训练，通过创设情境，激发学生的兴趣，使学生越读越爱读，越说越爱说，越演越爱演，并收到很好的教学效果。

第一个阶段就是要打好"读"这个基础。面对一篇课文，首先要让学生能大概明白讲的是什么。读是说的基础，只有把课文真正读熟、读懂，才能说好。因此，我们可以采用多种多样的读的形式，激发学生的读书兴趣，扩大学生的读书面，使每一个学生都在多读、熟读的氛围里受到熏陶。读的形式主要有以下几种：

一是自由读。让学生借助课文中的汉语拼音，自己练习朗读课文。采取自由读的方式，要求学生不错读、不丢字、不唱读，把字词读准确，把句子读连贯。在练读过程中，教师要有针对性地纠正容易读错的字音，使全班学生达到读准确、读通顺、读熟练的目标。

二是范读。对于语气变化较多、较快，学生不易把握的课文，可以采用示范性的朗读方式，即范读。一般由教师做示范，也可借助录音磁带或视频播音。在范读前向学生郑重地提个要求：注意听读的语气，如注意末尾为问号的句子怎么读，为感叹号的句子怎么读，以及课文中人物对话怎么读。

三是仿读。学生模仿教师的语气朗读课文，相邻座位的学生可以互相读读听听。

四是领读。领读者可以领读整篇课文，也可以领读个别长句、难句或片段。领读者可以是教师，也可以是具备较高朗读水平和有较强语感的学生。有时，为了培养学生的阅读能力或调动学生的积极性，还可以安排大家轮流担任领读者。

五是分角色朗读。可以以个人为单位，一人担任一个角色，在一个小组内进行分角色朗读；也可以以小组为单位，一个小组担任一个角色，进行组与组之间的分角色朗读比赛。这样，既有小组内的合作学习，又有组与组之间的竞争；既激发了学生的朗读兴趣，又检测了学生的学习效果。

下面以我教学《黄山奇石》一课的片段"朗读课文，感悟语言"为例作介绍。

师：课文的第2~5自然段，详细介绍了"仙桃石""猴子观海""仙人指路""金鸡叫天都"这几块神奇有趣的岩石。到底怎样有趣呢？请同学们先美美地读一读。

（学生读课文）

"仙桃石"这段：

师：那些有趣的奇石是什么样子的呢？我们先看"仙桃石"，谁想读这一段？

(全体学生都举手)

师：这么多同学都想读，那我们一起来读一读吧。

(学生齐读)

师：同学们读得真好！请看大屏幕，远处群山朦朦胧胧，云雾缭绕，好像仙境一般，而且这块巨石非常像一个大桃子，所以叫作"仙桃石"。同学们，是不是很有趣呢？

"猴子观海"这段：

师：谁想读一读"猴子观海"这一自然段？请同学们认真听，然后说说他读得怎么样。

(一名学生读后，其他学生从正确性、流利性、声音、语气等方面进行评价)

师：谁还想读？

(指名读，请学生边听边想象猴子观海时有趣的样子)

"仙人指路"这段：

师："猴子观海"真有趣呀，"仙人指路"就更有趣了！请同学们起立，一起读一读。

(学生起立齐读)

师：听了你们的朗读，我感到"仙人指路"有趣极了！老师也忍不住想加入读书的行列。请听老师读一遍，同学们可以闭上眼睛想象。

(教师范读)

"金鸡叫天都"这段：

师：最后，请同学们自由读一下写"金鸡叫天都"的这一段吧。老师要听一听，谁读得最好。

(学生自由读)

这样不同形式的朗读使学生一直处于读书活动之中，学生想读、乐读，在读中整体感知，在读中培养语感，在读中理解语言、感悟语言。读书、观察、想象紧密结合，使学生读有所思，读有所得。

第二个阶段就是抓好"说"这个关键点。说的过程，就是把"文"变成"话"的过程，让学生用自己的话讲书中的内容，使其言皆若出于吾之口，使其意皆若出于吾之心。说不同于背诵，它不要求学生一字不差地背出来，而要求依据课文内容完整地说出来。学生不仅要把课文内容说完整、说准确，更重要的是要注意说话时的语气，要用自己的话说得流畅。教师可以采用以下几种方式训练学生说的能力：

一是自由练说。让学生借助教师的板书或课件中的图片，自己练习说课文的内容。在说的过程中，如果遇到想不起来的地方，可以再看看书，然后接着说，同时也可以加上体态语言辅助说话。

二是互说互评。在学生自由练说的基础上，可以让同座位的学生或四人小组互相说，互相评，以达到相互启发、共同提高的目的。

三是提高式练说。在学生领会了教师的指导之后，再练习说，力争把课文说得更生动、更吸引人。

四是展示说。让学生在全班同学面前说，教师结合学生说的情况，从语气和动作等方面给予评价和指导。

五是讲故事比赛。可以分小组把课文完整地说一遍，再推荐一名讲得好的同学参加讲故事比赛。

下面是我在教学《红狐狸教算术》一课中训练学生说的片段：

师：我看到每个同学都读完了。现在我们就看看谁读得最好，说得最棒。

1. 出示小鹿的话

师：红狐狸教算术，第一课上的是什么？

生：一加一等于几。

师：小鹿是怎么回答的呢？谁来读小鹿的话？

（学生读小鹿的话）

师：小鹿认为，一加一等于几呢？

生：一加一等于二。

师：谁能讲一讲小鹿说的话？自己练习一下。

（指名讲，教师及时表扬）

师：谁能快速记住这几句话？自己练习，看谁记得快。

（学生练习）

师：请大家借助图片，加上动作，练习讲这段话。

（学生加上动作练习）

师：哪位同学愿意讲一讲？

（指名讲）

师：不借助任何资料，你能讲一讲吗？

（指名讲）

2. 小猴说的话

师：谁喜欢小猴说的一段话？请自由读一下。

（学生自由读）

师：这段话很简单，我们也试着记下来。自己练习，看谁记得快。

（学生练习）

师：请大家看大屏幕上的图片，再加上动作，讲一讲小猴子的话。

（学生自己练习讲）

师：不借助任何东西，你能讲一讲吗？

（学生自己练习，同桌二人互相讲）

3. 小兔的话

师：谁来读小兔的话？

师：小兔认为一加一等于几呢？

生：一加一等于零。

师：请看大屏幕上的句子，谁能讲一讲小兔的话？

（学生自己练习，同桌二人互相讲）

师：只借助提示语，你还会讲吗？

（学生自由练习后，指名讲）

师：只看大屏幕上的图片，你能讲讲小兔说的话吗？

师（小结）：对这几段话，同学们学得很认真、记得很快！

4. 讲故事

师：谁能加上动作，带上表情，用自己的话，完整地讲讲这个故事吗？请同学们先自由练习一下，不会的可以看看书。一会儿请同学们上台讲一讲。

（学生自己练习讲）

师：谁愿意上台来讲给大家听呢？

（一名学生上台讲，其他同学进行评价）

师：谁还愿意上台来讲？（许多学生举手）这么多同学都愿意讲呀，真好！可我们不可能每个人都上来讲啊。不如这样吧，请大家离开座位，选择一位听课老师，给他讲讲这个故事，讲完之后，请老师指导一下，要有礼貌哦。没有选择到老师的同学，就在座位上自己练习讲吧。

就这样，在引导学生通过多种形式反复朗读课文的基础上，让学生用自己的话讲书上的内容。有自由说、指名说等形式的学生单人练习，也有同桌互说、分角色说等形式的小组成员之间合作练习，形式灵活多样。还借助多媒体教学手段，以学生喜闻乐见的形式，激发学生读、说、背的兴趣，使学生越读越爱读，越说越爱说，从而规范语言、丰富语言、发展语言。

第三个阶段就是做好"演"的延伸。演是在读和说的基础上的升华，是对文本的再创造。可以让学生戴上自制的头饰，穿上自制的服装，扮演课文里的角色，以课本剧的形式表演出来。这既是说的延伸，又是调动学生积极性的重要手段，还是帮助学生揣摩、体悟课文的行之有效的途径。但要注意的是，表演不是目的，只是手段。针对不同体裁的课文，可以运用不同的表演形式。

一是模拟表演。如教学《颐和园》这类游记类的课文，可以模拟旅游的形式，让学生轮流当导游，其余学生当旅游团成员，当导游的学生可以参考课文写导游词。为了激发学生参与的兴趣，使表演更逼真，教师可以创设情境，给"导游"准备好旅游帽、小红旗、无线扩音话筒作为道具，让学生在欢快的氛围中进行说的训练。下面是我教学《红狐狸教算术》中的片段。

师：刚才同学们讲得有声有色，非常精彩！现在老师想请你把这个故事表演给大家看。请5人小组先练习一下。可以进行故事接龙，也可以进行角色表演，还可以把这个故事编成课本剧。过一会

儿我们请小组上台展示，看谁表演得最精彩！

（学生练习，教师巡视指导）

师：哪个小组愿意上台表演给大家看？

（指名小组上台表演，并评价）

二是自述表演。这种方式适用于说明文体裁的课文，也就是让学生扮成某种物体，将课文中对事物的说明变成学生的自述表演。这种把说明的对象拟人化，进行生动有趣的自述的方式，可以变枯燥的灌输为形象的感知。

三是分角色表演。低年级的语文教材中许多课文的故事性很强，如童话《丑小鸭》、寓言《坐井观天》、小故事《我要的是葫芦》等都可以分角色表演。可先在小组内进行，小组再推选代表在班里表演，然后评选优秀表演奖。也可让学生自由组合，做到人人有角色、个个能练说，帮助学生加强规范化语言的练习。

教师可以根据学情，适当地选择读、说、演的方式，这不但能发展学生的语言能力，还能发展学生的思维能力，激发学生的想象能力和创造潜能。当然，在不断实践的过程中，还会发现更好的方法，要敢于尝试创新，使阅读与练说表演紧密联系，融会贯通，让学生在这个过程中体悟到读书时的身心愉悦、互动时的灵动鲜活、表演时的无限创新。

总之，训练学生用自己的话讲书中的内容，读是基础，说是关键，演是延伸。在低年级语文阅读教学中，我们首先要着重体现其趣味性，激发学生的读说兴趣，还要突出其实践性，拓宽读说渠道，更要彰显全体性，提高每个学生的读说水平。

课堂渗透篇　　课堂情境创设，培养阅读兴趣

以多种激励手段创设有趣的场域

中国教育科学研究院（原"中央教育科学研究所"）研究员、全国小学语文学法指导研究会理事长潘自由先生说过这样的话：作为教师，在学生读书这件事上，要多站在学生的角度想办法，无论是什么办法，只要你能让学生对书爱不释手，越读越爱读，越说越爱说，越演越爱演，那你就算成功了。

在低年级语文阅读教学中，我们经常进行的读说训练无非是引领学生读读、说说、背背。而反反复复地读，一遍一遍地说，学生容易感到枯燥乏味。因此，巧妙运用各种激励手段，创设有趣的场域，激发学生的读说兴趣，就显得尤为重要。我在平时的实践中，总是根据不同文本的特点，采取合适的激励手段，效果还不错。

在语文阅读教学中，我运用得最多的方法是情境激励法。教师要根据文本情况，精心设计导语，创设相应的情境，唤起学生的读说欲望，激发学生的读说动机，帮助学生酝酿进入读说情境的情绪。比如，教学《小兔运南瓜》一课时，我这样创设情境："小朋友们，你们喜欢听故事吗？今天，我们召开一个以'小兔运南瓜'为题的故事会。你们看，老师把会标都准备好了，你们愿意参加吗？"学生的天性就是好热闹、爱表现，他们一听说要开故事会，一下子欢呼起来，个个跃跃欲试。我看大家的情绪被调动起来了，就不动声色地提出了要求："谁能把课文读熟，谁才有资格上台给大家讲故事。"学生兴趣盎然，都想讲故事，都想在大家面前表现一番，于是，教室里响起一片琅琅读书声。

对于一些故事性很强、对话又比较多的文本，我们就可以运用表演激励法。因为学生生性好动，有很强的表现欲，想象力又丰富，所以让学生扮演课文中的角色表演课本剧，他们都很乐意，也能激发读说兴趣。比如，我教学《雪地里的小画家》第 2 课时的片段：

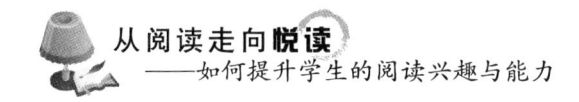

师：同学们，我们这节课要进行课本剧表演。看，老师给大家带来了好多漂亮的头饰，大家喜不喜欢？

生：喜欢！

（学生眼睛放光，一脸惊喜，高兴地拍手）

师：同学们要想表演好，就得先把课文读熟。现在就请同学们认真地把课文读一遍，同桌之间再相互读一读，要读准确，读流利。谁来读给大家听？

（学生纷纷举手，教师叫一名学生）

师：请同学们认真听他读得怎么样。

（学生读）

师：真棒！大家读得很熟练了。现在我们练习说故事，同桌间你说我听，我说你听，可以带上动作、表情，不会的时候也可以看看书。

（同桌互说）

师：刚才我看到大家说得很投入。现在我把头饰发给各小组，请同学们戴上头饰分别扮演小鸡、小狗、小鸭、小马和青蛙，在各小组内练习表演。

（小组表演，教师走进各小组，静观他们分工、说戏、表演，适当加以指点）

师：哪个小组愿意上台表演？

（小组表演，教师评价）

学习古诗时也可以表演。比如，学习贺知章的《回乡偶书》一诗的时候，就可以让学生将其编成故事演一演。我对他们说："要想演得好，首先要懂得诗意。"于是他们就开始主动理解这首诗的含义，这样学生就由"要我学"变为"我要学"。学生在小组里认真交流应该怎么演，忙得不亦乐乎。我则退到一边，把课堂时间真正还给了学生。

榜样激励法也是我经常采用的一种方法。我在教室后面的展示墙上设立一个"榜上有名"板块，对能够在课堂阅读练说中做到学习快、练习多、质量高的学生及时表扬，把他的照片贴于榜上，并让他介绍经验。也可以选这些榜上有名的学生做"小老师",向大家示范,引领全班的学生共同提升。还可以在此基础上评选出"优秀小老师",并给家长发喜报。这样就形成了一个系列的榜样引领,让学生看到目标,不断进步。

另外,还可以采用竞争激励法。一说起比赛,学生就显得劲头十足。竞争的确能激发每个学生读说的积极性,所以,我经常带着他们进行"故事接龙"比赛。不同于单人参与的竞赛,"故事接龙"比赛是以小团体的形式进行的,即小组合作读说一篇课文,每人读说的自然段由每个小组推荐的学生组成的评委团临时指定,以此来引导学生把课文的每一个自然段都读好、说好。这样既有小组内的合作,又有小组之间的竞争,让学生体验到个体的努力与集体的合作都是很重要的。

容易引起学生兴趣、调动情绪的还有一个好办法,那就是活动激励法。为了激发学生的阅读兴趣,我经常通过一系列丰富多彩的活动,使学生读说文本的热情持续高涨。我们常开展以下几种活动:

一是班级小电台。学生做播音员,把自己声情并茂读说的故事录下来,在班内播放。开始,教师先将读说故事的方法教给学生,也可以要求家长协助,这样引领着去做,再慢慢地放手,让他们自己完成。每周评选出优秀播音员,并在班会上进行表彰。

二是读说擂台赛。一周设一个擂主,由其他学生攻擂。读说的内容出自所学课文或校本教材,可分为自选读说内容和指定读说内容两种方式。若某学生攻擂成功,则成为新擂主,并郑重地为其颁发荣誉证书。

三是故事会。所讲故事可以是课本上的,也可以是课外读物上的,要求学生人人都参加,先在小组内选拔推荐,再向全班展示并评选出"故事大王",为其发喜报。

在学生的成长之路上,在语文阅读教学过程中,我们要采用不同的激励手段,创设有趣的场域,激活学生的思维,使他们觉得阅读是一件很有趣的事情。

提高朗读能力的四个秘诀

阅读是开发思维、获得审美体验的重要途径。学生在积极的思想和情感活动中，能够加深对文章的理解，增强内心体验，受到思想启迪，享受审美乐趣。而朗读是语文阅读教学中的重要环节，能帮助学生体悟文章的中心思想，同时也是朗读者表达自己对文章思想内容、对作者理解程度的重要方式，因此，学会朗读十分重要。教师怎样才能帮助学生提高朗读能力呢？可以从以下几方面着手。

一、帮助和引导学生"读通"课文

读通课文是学生面对一篇新的文章时要做的第一步。教师要根据学生的认知规律及教学目标，有组织、有计划地引导学生读。在低年级的语文阅读教学中，教师要先范读，再让学生组内练读、展示读；在高年级的语文阅读教学中，则侧重于学生自由读、组内练读、展示读。让学生有感知地读，把课文读正确、读顺畅，才能初步了解课文的主要内容。

学生初读一篇课文时，难免会有读错字、漏字或读不顺口的地方，只有反复读，才能把课文读顺畅，达到正确、流利地读的要求。这就需要给学生充足的时间，让学生沉下心来读，教师可以采用巧妙的方法，使其百读不厌。比如，自由读，学生自己解决课文里的生字、新词以及读不通顺的地方；同桌赛读，同桌两个人在同一标准之下比赛，看谁朗读用的时间比较短；五分钟快读，在确保达到基本要求的情况下，比一比谁在同一段时间内读的遍数多；小组"开火车"读，在小组内，每人一段接龙读下去，看谁读得流利。这些方法可以让学生朗读时始终兴趣盎然。

比如，我教学《狼和小羊》一课的片段：

师：现在我们来进行一个闯关比赛，第一关要把故事读正确，读流利；第二关要读出感情，读出语气；第三关要分角色表演性地

课堂渗透篇　课堂情境创设，培养阅读兴趣

朗读。你们有信心吗？

1. 借助拼音读故事

师：第一关闯关开始！请同学们借助拼音把课文读几遍，只有读正确、读通顺，方可通过这一关。

（学生练读，教师巡视）

师：大家读得都很认真。现在我们来进行一个小比赛，请同桌对读，互相做裁判，只要声音洪亮，语句正确连贯，就可以过关啦。

（同桌对读）

师：真好！我们班同学都是第一关的胜利者，为自己鼓掌吧！

2. 听录音朗读

师：在第二关要读出感情，读出语气。为了帮助同学们顺利过关，首先，请同学们听录音，注意听朗读的不同语气，然后配乐朗读课文，谁听得准、模仿得像，谁就能最先闯关成功。现在闯关开始。

3. 模仿朗读

师：现在请同学们模仿老师，学习朗读课文。

（教师范读，学生自己朗读课文，教师巡视）

师：请同学们快速看课文，狼和小羊进行了几次对话？

生：三次。

（教师把狼和小羊的三次对话贴在黑板上）

师：请大家先想想，这几次对话该怎么读，再按照自己的想法试着读，看谁读得好。

（学生读这三次对话）

师：我们先来看狼和小羊的第一次对话，谁来读？

（指名读，教师评价学生读的情况）

师：他读得真好！请大家学着他的语气再齐读一遍。

（学生齐读狼和小羊的第一次对话）

师：谁读狼和小羊的第二次对话？

（指名读，教师评价学生读的情况）

师：你们读得那么好，老师也忍不住要试一试，现在请听老师

读它们的第三次对话。

（教师读狼和小羊的第三次对话）

师：请同学们模仿老师朗读一下。

（学生模仿读）

师：对于这几次对话，大家读得都很棒！读出了狼的狡猾、凶恶，读出了小羊的善良、可怜。

4. 分角色朗读比赛

师：现在进行分角色朗读，闯关开始！请3人小组分角色朗读课文，一人扮演狼，一人扮演小羊，一人读叙述部分，读完再互换角色读。看哪个小组能读出语气，读出感情。哪个小组读得好，就是这一关的胜利者。

（小组活动，教师巡视）

师：刚才同学们读得都很认真，哪一组愿意读给大家听？

（指名小组上台展示）

师：刚才这一组同学读得很好，我们为他们鼓掌！接下来我们分角色读课文。请全体同学起立，男生读狼说的话，女生读小羊说的话，老师读叙述部分，看看谁读得好。

（男女生分角色赛读）

师：我们全班同学全部顺利闯过第三关！每个小组将会得到一个小奖品，为自己鼓掌！

二、帮助和引导学生"读懂"课文

语文教育专家张田若先生这样说：阅读教学，第一是读，第二是读，第三还是读。读懂的过程，就是阅读能力形成的过程，就是语感形成的过程、语言积累的过程。意思就是要多读，要以读为主，还要读得懂。朗读必须在对文章充分理解的基础上，围绕课文中心逐步深入，目的是正确理解、深刻体会作者表达的思想感情。要着重进行理解性的读，也就是引导学生反复朗读课文的重点、难点部分，研读文段。不能以教师讲解或集体讨论取代学生个人体验式的阅读。

帮助和引导学生读懂课文的常用方法有很多。一是变换提问角度引领学生去读。对于某些学生难以理解的问题，可以变换思路。在阅读《穷人》一课的时候，我发现，对"桑娜家温暖而舒适，说明了什么"这一问题，不少学生错误地认为桑娜家并不穷。这时候，教师就需要及时变换角度问学生："她家是怎样的温暖而舒适？为什么会这样呢？"这时学生立刻就会体会到桑娜的勤劳能干。

二是抓关键词引领学生去读。一位教师曾在《慈母情深》的"默读课文，感悟理解"环节中，以"震耳欲聋"一词为引领，让学生找出描写环境嘈杂的句子反复品读，从而体会环境描写对人物的衬托作用。

三是以活动的形式引导学生在读中运用、巩固所学知识，如"大显身手擂台赛"等。不管组织哪一种活动，目的都在于使学生能够很好地理解课文内容、领悟课文思想。

比如，我教学《火烧云》一课的片段：

1. 揭示课题，设疑

师：什么叫火烧云？谁能用课文中的一句话回答？

生：天上的云从西边一直烧到东边，红彤彤的，好像是天空着了火。

2. 比较句子

第一句：天上的云从西边一直烧到东边，红彤彤的，好像是天空着了火。

第二句：天上的云从西边一直红到东边，红彤彤的，好像是天空着了火。

师：这两句话有什么不同？哪句写得好？为什么？

（指名说，相互补充后，一致认为第一个句子中的"烧"字用得好，因为与着火相呼应，避免了重复，烧起来颜色还有更多的变化，紧扣课题）

3. 再读课文，理清层次

师：请边读边思考，每个自然段写了什么？哪几个自然段写了火烧云的变化？

生：第1自然段写晚饭过后，火烧云上来了、霞光照在地上的

情景;第2~6自然段写火烧云颜色、形状的变化;第7自然段写火烧云下去的情景。

这样,教师运用"以读为本,读思结合"的教学方法,使学生有目标、有方向地阅读,学生能更深入理解课文内容。

三、帮助和引导学生"读透"课文

学生只有把自己融进课文所写的情境里去思考、去感受,才能读出感情来。当然,这并不是一件容易的事,需要教师适时、巧妙地点拨。

作为教师,我们要巧妙引导学生联系生活经验进行迁移,引起情感共鸣。有些课文内容非常贴近学生的生活实际,只需启发学生把已有的经历转移到课文所描写的情境中,便容易引起学生的共鸣。比如,教学《她是我的朋友》一课,教师可以引导学生想一想:自己是如何和朋友相处的;朋友遇到了困难,自己是如何想的。带着这样的想法再读课文,学生就能很快把握课文的情感基调,从而读出课文中所蕴含的情感。

作为教师,我们还要启发学生合理想象,利用范读激发情感。大多数课文都蕴含着美的因素,若能进行合理想象,反复朗诵,就能品出文中情,悟出文外味。小学生善于模仿,他们也常常爱模仿教师的动作、表情甚至说话的语气。教师的示范朗读,往往能起到抛砖引玉的作用。需要注意的是,教师此时的范读,与学生首次看到文章时教师的范读是不一样的。这个范读过程要表露出教师对文章的深刻领悟,随着教师深情的范读,课文中那深邃的思想、高尚的情操,就会像清清溪水一样流入学生的心田。例如,教学《十里长街送总理》一课,教师在引导学生想象的同时,为学生播放一段人们在十里长街等灵车、望灵车、送灵车的视频,并配上教师的范读"天灰蒙蒙的,又阴又冷……"学生通过仔细听,不仅理解了课文内容,而且融入到万分悲恸的气氛之中,此时再引导学生朗读,会有扣人心弦的效果。

作为教师,我们要提醒学生把自己当作课文里的人物,用心体会情感,像课文中的人物那样思考、感受,就容易体会课文的真实情感。如教学《秋天的怀念》一课，我提醒学生把自己当成双腿瘫痪的儿子，体会自己对母亲的一片深情；或把自己当成重病缠身的妈妈，想想应该怎样体贴、照顾双腿瘫痪的儿子，怎样鼓励儿子好好活下去。学生体会到了人物的心情，再通过朗读，就能把人物的情感表达得淋漓尽致了。

四、帮助和引导学生"赏读"课文

赏读，是对文章精心细致地阅读、评价、鉴赏，多角度欣赏课文，披文入情，感悟妙处。这是在读通、读懂、读透基础上的高层次品读，是阅读中的重要一环。

赏读一般要抓住"课文主要写什么？主要内容是怎样写具体的？你认为哪个地方写得好？为什么？"这些重要问题，我们常用以下几种赏析方法。

一是从题目入手进行赏析。如《生命 生命》一课，教师可以让学生将这篇课文的题目与学过的课文题目比较，然后说说自己发现了什么（"生命"反复出现两次），作者为什么要用两个"生命"做题目。通过感悟、思考，学生就会知道，作者在提醒我们生命宝贵，生命短暂，要热爱生命，珍惜生命。

二是从特殊的标点入手进行赏析。如《"精彩极了"和"糟糕透了"》第4自然段的几句话："七点。七点一刻。七点半。父亲还没有回来。我实在等不及了。"连续用了五个句号，写出了：小作者认为自己的诗写得好，想早点见到父亲，得到夸奖；小作者焦急、迫不及待的心情；等待的时间十分漫长；等等。

三是抓关键词赏析。如《慈母情深》一文中含有四个"立刻"的句子："母亲说完，立刻又坐了下去，立刻又弯曲了背，立刻又将头俯在缝纫机板上了，立刻又陷入了忙碌……"从母亲工作时迅速而连贯的动作中可以看出母亲的辛苦，以排比句呈现，将母亲为了整个家庭的生活不知疲倦地劳作表现得淋漓尽致。

四是从句段上赏析。如《地震中的父与子》一文中，父亲面对大家的劝告，分别说了三句话："谁愿意帮助我？""你是不是来帮助我？""你是不是来帮助我？"这三句话表达的意思是一样的，写出了

父亲急切的心情及对孩子深深的爱。

　　赏析点可以是课文中流露情感的精彩句段，可以是有意变化的句式，也可以是别具一格的修辞。这些语句中都凝聚着作者的心血，是值得注意的赏析点。

　　朗读能让人感知课文中的人、事、物，感受语言文字的魅力，让语言文字在学生心中活起来。通过读通、读懂、读透、赏读这四重境界的训练，学生朗读能力的提升自然指日可待。

课堂渗透篇　课堂情境创设，培养阅读兴趣

让读说引领教学改革

在语文阅读教学中，我们一直强调读和说，因为这是理解课文最基础、最重要的方面。读是内化、吸收，说是外显、表达。读说是学生接受语言信息，通过思维活动进行理解、储存、再现的训练过程，是将课文语言转化为学生自己的语言的过程。强化读说训练，提高读说能力，就要特别注重层次与目标。

兴趣是最好的老师。因此，在进行读说的过程中，教师要重视趣味性，以生动、新颖的形式激发学生的读说兴趣，使学生以最佳的情绪状态主动参与。如我教授《坐井观天》一课时，在引导学生熟读课文的基础上，让学生两人一组分别扮演文中的青蛙和小鸟，把自己理解、内化的体验表演出来。这一趣味性的活动安排，使学生在愉悦的氛围中学习，达到了练说目的。

在读说训练中，教师还要重视整体性，要让每个学生都参与到读说训练的实践中去，提高全体学生的读说水平，避免只有少数能说、会说的学生表演，而大多数学生成为观众的现象出现。教师要为处于不同认知层次的学生设计与其相适应的训练目标，使每个学生的读说水平都得到一定的发展，都能品尝进步的喜悦。我在不断实践探索的过程中，综合分析学生的学习基础、能力、特长等因素，按照互补互助、协调和谐的原则把学生编成固定的学习小组，将个人练习、同桌互练、小组交流、全班交流等形式有机地结合起来，变传统的师生单向交流为师生、生生的多向交流。根据学生的具体情况，制定了三个层次的训练目标——初级目标、中级目标和高级目标。

比如，教学《小青蛙》一课时，让学生在个人练读、同桌对读的基础上，进行小组交流，检查读得是否正确、流利。凡是得到小组成员认可、教师抽查也合格的学生，可以得到一朵"小红花"，表明已完成初级训练目标。凡是小组推荐参加全班赛读的学生，可以

得到一颗"小红星",表明已完成中级训练目标。最后,在全班赛读中评选出的优胜者,可以得到"小奖杯",表明完成了高级训练目标。

这样,用层次目标要求学生,采取小组互助合作的学习方式,丰富了师生、生生之间的交流形式,既让学生的个性得以张扬,也使学生从小组合作中体验到了进步的快乐,使每一名学生都有所收获,学习兴趣、能力与水平都逐渐提高,读说水平也随之发展。

教师还要重视渐进性,采取多种形式,降低由读到说的难度。由读到说的过程是一个将课文内容内化、吸收的过程,这个过程依赖于记忆。记忆的基础是联系,虽然学生经过反复朗读,对课文内容有了印象,但是由于低年级学生的知识储备和生活经验不足,在识记事物时,所记的内容仍然不够完善、不够准确。因此,教师在指导学生熟读课文之后,不能简单地要求学生练说,而应尽量调动学生的各种感官协调活动,采取多种形式为记忆寻找联系,切实提高记忆效率,做到快记、牢记,为流畅地说打下基础。

比如,教学《小兔运南瓜》一课,为了让学生说好,教师可以先让学生看课文插图试说。然后让学生一边看图,一边抓住"高兴""发愁""骑""看见""问""摘""推""转""运"等词语做动作,有表情地练说。接着出示原文填空题,让学生练习。最后让学生独立把故事讲给大家听。这是一个循序渐进的过程,由于眼看、手动、脑想逐步进行,大脑从多种感觉通道接受同一意义的信息,降低了学生记忆的难度。经过练习,全体学生都能正确、流利地用书上的话把故事讲下来。

提高学生的读说能力,不能仅仅依赖课内的读说训练,还要重视实践,拓宽读说训练的渠道。教师必须坚持课内、课外"两条腿"走路,重视和充分利用语文课以外的实践活动,让学生在各种语文实践活动中练读练说。比如,举办朗诵会、故事会、读说汇报"大比武"等,看谁读得好、说得好;周末开展"给爸爸妈妈讲故事"活动,让学生把学过的、读过的故事讲给家人听。如此,将有助于学生的语言积累及口语表达。

圈点批注使阅读走向新天地

在语文阅读教学中，教师常常苦于寻找提高学生学习效率和语文素养的方法。后来发现，凡在阅读时做到边读边思考边在文本上圈点批注且能长期坚持下去的学生，其语文素养就比较高。个体的阅读体验是阅读的重要方面，圈点批注能够把自己阅读时对文本的理解等体验通过图形、文字呈现出来，它既是记录自己感受的过程，也是表达情感的一种方式，这有利于学生参与对文本的学习。

圈点，就是我们在阅读的时候，手不离笔，在书上圈圈、点点、画画，标注文中重要的、精彩的或感到疑惑的词句。批注，就是写在书页的天头、地脚或两旁空白处的评语和注解。古人云："读文而无评注，即偶能窥其微妙，日后终至茫然，故评注不可已尽职尽责。"可见，做批注不仅有助于加深对原文的理解，还有利于培养思维和表达能力，而且回看的时候很快就能找到重点，往往还会有新的启发。"好记性不如烂笔头"，学生在阅读时运用圈点批注的方法记记，既能咀嚼、消化、吸收文章的精华，又能进行深度思考，这种有益的强化在学生大脑里会留下比较深刻的烙印。圈点批注的阅读方法能激发学生求知的内驱力，提高学生的阅读理解能力，快速提升学生的写作水平，学生一旦形成了习惯，必将终身受益。

在阅读过程中，圈点较易于操作，批注则较难。教师要着重指导学生寻找批注的切入点，如对文本理解存在的疑惑，对人物情感的感受，对重点词句的理解，对精彩句段的感悟，对文章写法的总结，由课文内容引发的联想和思考，对文中人物的评价，甚至对文中某个标点或重点字词的思考等，都可以批注。

阅读时写批注要注意整体把握，词不离句，句不离段，段不离篇。只有立足全篇，才能对各部分有更深刻的理解。培根说："读书时不可存心诘难作者，不可尽信书上所言，亦不可只为寻章摘句，

而应推敲细思。"只有善于质疑、解疑，才能更好地做批注。

在圈点批注的阅读过程中，圈点以简洁醒目的线条为宜，使用的各种符号一旦确定下来，就不宜随意变动。比如，可以将重点字词用方框框起来，可以在精彩的句子或片段描写下面画上波浪线，可以将有疑问的地方用问号标出，可以将要重点理解的句子用着重号在下面标记等。这些都需要学生之间达成共识，统一固定下来，以便在学习中互相交流。圈点批注一般用多种颜色的笔比较好，比如：用黑色笔写批注，如文本感悟、新的想法；用红色笔圈词语；用颜色醒目的荧光笔涂画重点词句；等等。当然，也可根据个人爱好酌情使用。总之，在边阅读边圈点批注时，注意批注的字体要工整，选择的颜色搭配要美观，使圈点批注成为阅读时得心应手的工具。

经过长时间在中高年级段开展语文阅读教学的实践，我真切地感受到圈点批注是提高学生阅读质量最有效的方法之一。当学生对一篇课文进行圈点批注时，首先让学生自己阅读，按照教师所教的圈点批注方法独立完成。然后同桌二人交换课本，阅读彼此的批注，互相补充。接下来，由小组选出好的圈点批注进行展示，补充一些问题，强调所应掌握的重点，拓展文章需要延伸的地方。圈点批注能帮助学生理解、内化、生成、延伸。刚开始，学生要在教师的引领下，逐步学会圈点批注的阅读方法。以课文为例，可从下面几点着手。

一是文本标题。可以从两方面考虑：首先，标题在文中的作用是什么，是概括内容、表达中心，是一个线索，还是点明了时间、地点或感情；其次，看到标题之后你有什么问题，即是什么、为什么、怎么样。如《生命 生命》一文，可以批注"题目表明文章的中心"，也可以批注问题"作者为什么要用两个'生命'做题目"。

二是重点词语。让学生至少圈画出文本中五个有价值的词语，并用这些词语练习说话或写句子，训练由词连句的表达能力。

三是文本的主要内容。可以设定一个答题格式：什么人在什么时间做了什么事。

四是文本的段落结构。划分段落，一般可划为三段；概括段意，可从文段中找出中心句或总结句直接用，也可提炼出简短的一句话。

　　五是文本表达的情感。注意多角度梳理人物情感，用词要准确。如《"精彩极了"和"糟糕透了"》一文，有的学生从文中找出了连续用五个句号的句子："七点。七点一刻。七点半。父亲还没有回来。我实在等不及了。"体会梳理，批注作者要表达的情感是"作者认为自己写的诗很好，想很快见到父亲，得到夸奖"。

　　六是文本运用的写作方法。要引导学生学会判断文本运用的主要写作手法，如对比、衬托、借物喻人、借景抒情等，如许地山的《落花生》一文，运用了借物喻人的写法。

　　七是文本的重要句子。可以挑选出三个关键句子进行批注，如比喻、拟人、排比、夸张等修辞句，以及中心句、过渡句、总起句、总结句等在结构上起重要作用的句子，描写得好的句子，内涵深刻的句子等。如阅读《桂林山水》一文，有的学生找出了重要句子："漓江的水真静啊……漓江的水真清啊……漓江的水真绿啊……"赏析批注："这是排比句，写出了漓江的水的三个特点——静、清、绿，赞美桂林的怡人风景。"再如，有的学生阅读到《小抄写员》一文中"他真想把一切说明白，可是话到了嘴边又咽了下去"一句时，这样批注："叙利奥想把真相说出来，可是说出来他就没办法帮爸爸了，所以硬是没有说出来，宁可自己被冤枉。"这条批注就不只是简单的感受，而是通过自己的理解与推断做出的思考。

　　八是对文本的感悟。要注意从主题的理解、生活的感悟以及结合实际的反思方面进行批注。感悟与反思的批注比较具有个性化，比如，有的学生读到《小抄写员》一文中"叙利奥听了，心像刀割一样。父亲竟不管自己了！……我全说出来吧，不再瞒您了。只要您仍旧爱我。无论怎样，我一定像从前一样用功"这几句话时，结合自己曾经有过的感受这样批注："这种感觉我深有体会，被误解是多么痛苦。"这是带着强烈感情色彩的批注，他将阅读和生活联系起来，结合自己曾有过的感受去表达，对文本的理解就更加丰满了。

　　每个人看待文章的角度不同，理解也就不同。教师要尊重、保

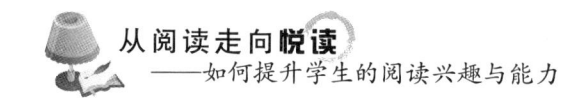

护学生的独特感受，引导学生勇于发表自己见解的同时，懂得欣赏他人的创意，从中获得自己没有理解的东西。另外，教师尤其要关注学生对文本主题的理解，在充分尊重学生的基础上做必要的指正，避免学生理解得不到位。

圈点批注这种阅读方式，摒弃了以往教师烦琐的讲解及师生你问我答的枯燥形式，使学生为需要、为兴趣而阅读。学生在圈圈、画画、写写、说说、议议的过程中，和文本进行心灵的对话，情感充分涌动、流淌，能够提高读书的乐趣，促进独立的阅读个性的形成和自主思考、表达能力的提高，写作能力的提升也就水到渠成了。但是，掌握圈点批注的方法并非一蹴而就的，而是一个循序渐进的过程。教师要注意由浅入深，层层递进，刚开始要树立学生的信心，激发学生对批注的兴趣，由符号式批注过渡到文字式批注，促使学生逐步在思维的深度、广度及语言品质上达到更高的标准，从而熟练掌握圈点批注的阅读方法。养成良好的习惯之后，学生就能将圈点批注的方法运用于任何一篇独立的文章，使阅读走向自主高效的新天地。

课堂渗透篇　课堂情境创设，培养阅读兴趣

晨光中琅琅的读书声

集中朗读常在早晨第一节课前，把握好这个黄金时段至关重要。

带一年级这个班，在第一次上早读课的时候，我就和学生约定，早上一到校就大声朗读课文。但是由于学生年龄小，自控力差，早读课老师一踏进教室，往往会看到两种截然不同的景象：一部分学生早已坐在自己的座位上开始读书，声音虽不大却认真专注，这在开始时并不常见；另一部分学生见老师还未进教室，就像脱缰的小马，在教室里跑来跑去，打打闹闹，影响了正在认真朗读的学生。不大一会儿，原来认真朗读的学生也加入了打闹的行列之中，直到看到了老师，才乖乖入座。这不仅增加了老师的工作量，还白白浪费了学生的时间。

为了让学生养成早上一进教室就读书的习惯，每天的早读课我都准时出现在教室里。学生还小，有的根本不会读，所以刚开始，我采用领读的方式，培养他们早读的良好意识。可我发现此做法耗时又耗力，教师一旦投入领读中，就很难全面观察每个学生的阅读情况。于是，在之后的早读中，我发掘一些学习能力强的学生，培养他们的领读能力，调动他们的积极性。每天早晨安排一名学生担任早读班长，几个人轮流值日。这种激励措施，使学生发生了改变，被选为早读班长的学生，充满了自豪感，增强了自信心；而其他学生为了争取当上早读班长，早读时也更主动了。

培养学生的早读意识很不容易，使他们坚持下去养成习惯就更难了。为了使早读课不流于形式，我每天坚持早到教室，督促早来的学生先安下心来读书。晚到的学生走进教室，看到同学在读书，就自然而然地加快了动作，放好书包，拿出书本，自觉加入读书行列。过了一段时间，我发现学生的朗读水平参差不齐：对于布置的早读内容，朗读能力好的学生，几分钟就读完了；而朗读能力不强

的学生，一直跟不上节奏，常常是嘴巴张着，却不知道读的是什么。为了让每个学生都有丰富的阅读体验，在他们已经基本能够自觉早读之后，我开始对不同的学生提出不同的要求。比如，从齐读课文抓学生整体进度变成让学生用自己喜欢的方式自读课文，甚至不必坐得端端正正，可以以舒服、健康的坐姿朗读。内容也不再局限于语文课本，而是所有与语文有关的读本。在这种情况下，学生的坐姿虽然看起来不那么规矩，读书声也不齐，但他们都能投入地朗读自己喜欢的书，有效避免了之前应付早读的现象。

　　早读习惯的养成慢慢有了成效。一天早上，我们班前后门都打不开，学生聚集在门口叽叽喳喳地议论。我赶到之后忙与负责的师傅联系。眼看早读时间就要到了，门口的学生也愈发喧闹起来。这时我发现，几个学生索性坐在台阶上，拿出语文课本开始阅读。可能是因为第一次在来来往往的人面前读书，所以他们略显羞涩，声音小得只有他们自己能听见。我抓住这个契机，组织学生进行了一次特殊的早读。学生听我指挥，整整齐齐地坐在楼梯台阶上，拿出语文课本读了起来。相比于坐在教室里，他们仿佛更喜欢这样的阅读氛围：用自己喜欢的姿势，与自己的好朋友搭伴，共读一本书。于是那天的早晨，校园里又多了一处亮丽的风景。阳光正好，伴着温暖的风，我忍不住拿出手机留下了这珍贵的一幕，这是一次多么难忘的早读经历啊！从这件事情上看，任何事情都不存在绝对的好坏，你所认为的不好的情况可能并不存在，因为美好的转机随时会发生，就看你以什么样的心态去看待了，心态不同，结果就会不一样。

　　社会上一直流传着一个关于"5+2=0"的学校教育观点，意思是学生在学校的5天里培养的良好习惯，在家里过一个周末就会忘得一干二净。为改变这个怪现象，我们的阅读社团发挥了良好的作用。除了日常的周末社团活动以外，周末的每天早上，家长还需要帮孩子录制阅读小视频。所以，就算是周末，我们班学生的早读也一刻没有停止。家长们也忙起来，父母双方轮流记录孩子的早读情况，并进行汇总。我依据家长为孩子汇总的周末早读情况为他们发放小奖状，小奖状达到一定数量再到我这里换取大奖状。小小的奖励，令学生回家也时时不忘读书，他们甚至比在学校里读得更起劲，家校阅读联盟有了良好的成效。

此外，在早读氛围的营造方面，教师的示范引导也是必不可少的。于是，为了让学生更热爱读书，每当他们拿起书本阅读时，我也开始读书。学生的好胜心最强，有时候我们仿佛在比赛一般，比谁的声音更洪亮，谁读得更准确、更有感情。他们也常常对我读的书充满兴趣，早读一结束就围住我问："老师，您读的是什么书？"看到我的书上写满了密密麻麻的字，他们就会发出一声声惊叹。

叶圣陶先生指出：简单地说，教育就是养成良好的习惯。在短短一年时间内，大部分学生已经养成了早读的好习惯，虽然还有一些学生需要教师的督促、家长的指导。我清楚，良好习惯的养成不是一蹴而就的，需要教师和学生一起不懈努力，克服惰性。只要坚持下去，一定会越来越好。

从阅读走向悦读
——如何提升学生的阅读兴趣与能力

激扬生命的课外阅读

阅读教学是语文课堂教学的生命线，尤其在小学阶段，教师既要抓住课内的阅读，又要重视课外的阅读，双管齐下，才能使学生在小学阶段打下良好基础。

在阅读教学中，我们以一篇篇课文为例，让学生掌握阅读方法，形成阅读能力。学生预习课文，有不认识的字就读拼音，有不懂意思的字就查字典，自己不能解决的就和同学合作解决，确实解决不了的由教师帮助解决。这样让学生逐步养成了阅读时找出不懂之处，并提出问题的良好习惯。我们有时也会遇到这样的情况：学生提出的问题，教师一时也难以解答，而发动学生共同研究，问题就立刻解决了。比如，有位教师教《蜘蛛开店》一课，有学生提出问题："蜘蛛的网能粘住小飞虫、甲虫等，它自己却不会被粘住，这是什么原因呢？"教师想不到学生会提出这样的问题，灵机一动，便将问题抛给班里的学生："你们想想，看谁能想出来。"有学生说："因为蜘蛛能分泌油性物质，所以粘不住。"教师问他是怎么知道的，学生回答在课外书上看到的。其实在教学中，我们经常遇到学生能恰当运用在课外阅读中获得的知识解决问题的情况。所以，要提高学生的阅读能力，增加学生的知识储备量，单单依靠教材中的几十篇课文是远远不够的，教师要鼓励学生多去阅读课外的读物。但学生年龄小、阅历浅，选择读物时往往盲目随意，因此，教师要引导学生阅读有益于身心发展的读物，如向五年级的学生推荐伟人故事、中外名著、地理历史类读物。还可以在阅读教学中以"一篇带多篇"的形式扩大学生的阅读面，即教师以课文为例，指导学生在读懂课文的过程中领悟阅读方法，引导学生尝试阅读，巩固所学方法，再由扶到放，让学生运用学到的阅读方法自学一篇或几篇同类型文章，以提高阅读能力。这样既立足课内又延伸到课外、校外的多渠道阅读方式使学生在大量的阅读中受益。

　　课堂教学中的阅读是学生在教师引导下的阅读实践，而课后阅读犹如实战，可检验、巩固、运用他们在课堂上所学的阅读方法。在阅读课外读物的过程中，有许多问题需要学生自我解惑，独立实践，如难理解的字词句，文章的主要内容、中心思想等。所以，教师除了做好对教材课文的阅读指导以外，还要在课堂上留出一定的时间，对学生在课外阅读中遇到的问题进行集中指导。

　　为了加大学生的阅读量，提高学生的阅读和写作能力，单独开设阅读课也非常有必要。我们在每周都设置了一节阅读课。在这节课上，教学针对的不是教材中的课文，而是教材以外的阅读文本，由专门的教师集中进行阅读指导，再由学生自由阅读。这种指导与教师进行语文教学的重点有所不同，效果自然也不一样。在阅读课上，教师可以依据不同的文本片段或篇章去指导阅读，使学生得到系统的阅读训练，锻炼语言表达能力；也可以让学生自带阅读材料或彼此交换阅读材料，引导他们采用不同的读书方法自由阅读，将精读、略读、诵读等相互融合，增加阅读经验的积累，体验阅读的乐趣，弥补单单以教材为学习资源的不足。

　　此外，因为是在课堂上有针对性地进行阅读指导，所以教师有必要根据学生的特点与需要，选好要阅读的读物，这样才能在有限的时间内取得较大的效果。比如，优秀的报刊《少年智力开发报》《小学生学习报》《读者》《阅读与作文》，经典名著《西游记》《水浒传》《鲁滨孙漂流记》《伊索寓言》《安徒生童话》等。为了给学生开拓更广阔的阅读空间，可以让他们阅读一些科普读物，或为学生提供有声读物，如朗读音频、著名朗诵家的作品，以激发学生的阅读兴趣。

　　教师还要教给学生阅读的方法。避免阅读的随意性，收获也会更多。如精读与略读结合法；摘抄法；交流讨论法，如说一说自己读了什么，有什么收获和体会，在说的过程中，学生的思维和表达能力就得到了提高；写读后感，将自己阅读时生发的感悟用文字表达出来，学生的阅读和写作能力也会随之提高。

为避免学生在阅读课上感到枯燥无味，教师要适当开展丰富多彩的读书活动，以活跃课堂气氛。比如，朗诵比赛、摘抄展览、"我喜欢的一本书"作文竞赛、"我与经典名著"手抄报设计比赛，还可以以"名人名言""书海拾贝""我最喜欢的好书推荐"等形式，向同学们介绍自己看过的好书、新书或佳文片段，从而形成良好的班级阅读氛围。

教师之间经常组织的阅读课分享交流会也是有必要的，能使各位教师相互学习指导阅读的妙招，从而引领学生更从容地阅读。

总之，教师应重视阅读教学，加强学生在课内外的阅读，让学生读更多的书，拓展知识，陶冶情操，从而爱上阅读，并通过大量阅读实践形成能力。

课堂游戏的魔力

我有幸聆听了庞自娟老师教的《对韵歌》一课。庞老师设计的几个环节"创设情境,熟读成诵;多样趣读,认识生字;看图说话,自我对韵;延展诵读,对韵积累;回看黑板,评价激励",使学生在课堂上兴奋了起来。庞老师把朗读作为教学的根本,将趣味游戏贯穿于课堂始终,采取了各种形式的读和游戏,使学生在这一过程中记忆、感悟。

一、板画苹果树,激发兴趣

一开课,庞老师就创设情境,以板画呈现了A、B、C三棵"苹果树",树上挂着许多写有本课生字的"苹果"。庞老师告诉学生,他们要帮农民伯伯收"苹果",看看哪组收得多。相关教学片段如下:

师:同学们,现在是什么季节?

生:秋季。

师:秋季是收获的季节,农民伯伯要到果园里去摘苹果。由于人手不够,他想从我们班小朋友中选一些有实力的同学去帮忙,大家想不想去?

生(跃跃欲试):想!

师:今天我们先来预选人员,看谁能把今天的"字宝宝"先认会,谁就有机会去帮忙摘苹果喽!

(黑板上的三棵苹果树,每个小组负责一棵,学生记忆生字)

这个环节的设计目的,一是引起学生的学习兴趣,使学生愿意主动去认识生字;二是调动学生的积极性,增强他们为小组争光的集体荣誉感;三是使学生明白劳动最光荣。这样一下子就吸引了学生的注意力。

二、拍手背诵《对韵歌》,活跃气氛

一个 6 岁的孩子,其注意力能持续集中的时间在 10 分钟左右。我想,庞老师是很了解学生的身心发展规律的,她在这节课进行了大约 10 分钟的时候,设计了这样一个游戏情境:让学生起立,把小凳子放在桌子下面,转身和同桌拍手背诵《对韵歌》,使学生在舒展了身体的同时,又调节了注意力,让他们手、脑、口、身并用。这一趣味设计符合学生的特点。

三、"邮递员送信",巩固生字

庞老师在检查学生读生字的环节设计了极富童趣的儿歌对答游戏——"邮递员送信"。我留意到,此时这节课已进行了 17 分钟,距离上个游戏将近 10 分钟。相关教学片段如下:

师:丁零零——

生:谁呀?

师:我是邮递员呀!

生:哪里来的信呀?

师:北京来的信呀!

生:送给谁呀?

师:送给张妍。

(教师出示字卡给张妍,张妍接过字卡,也就是这封所谓的"信",自读 2 遍,其他学生跟读 2 遍)

……

这个游戏重复好几次,重点照顾认不准生字的学生。学生非常积极,气氛热烈,把课堂教学推向了一个高潮。庞老师就像一只信鸽一样在教室里飞来飞去,快乐地穿梭于学生中间,把 6 封"信",即 6 个生字卡,送到学生的手中。趣味游戏既活跃了课堂气氛,又使得学生一遍遍巩固了生字,为后面的教学做好了铺垫。

四、"字宝宝请上台",强化记忆

距离上个游戏"邮递员送信"大概 11 分钟的时候,庞老师又安排了一个游戏"字宝宝请上台",让之前收到"邮递员"的"信"的

6个学生,手持自己收到的"信"走上讲台,当然,是在教师和同学们的趣味交流中有序地上来。相关教学片段如下:

师:"花"字宝宝请上台。

生(齐):"花"字宝宝在哪里?

(持有"花"字卡的学生走上讲台)

师:"雨"字宝宝请上台。

生(齐):"雨"字宝宝在哪里?

(持有"雨"字卡的学生走上讲台。持有"雪""风""鸟""虫"字卡的学生就这样依次走上讲台,站成一排)

师:请"虫"字宝宝转三圈。

(持有"虫"字卡的学生开心地转起了圈)

生(齐):"虫"字宝宝转得对!

师:"鸟"字宝宝跳两跳。

(持有"鸟"字卡的学生兴奋地跳了两下)

生(齐):鸟字宝宝跳得对!

(教师把生字卡分给另外几个学生,让学生拿着字卡上台听教师的指令做动作)

师:请"云"字宝宝蹲一蹲。

(持有"云"字卡的学生高举字卡,蹲一蹲)

……

就这样,台上拿着字卡的学生做着有意思的动作,台下的学生兴奋地读着、笑着。在这一过程中,学生复习了这6个生字,兴致高涨,趣味浓厚。

五、图文结合,应用生字

在庞老师设计的趣味游戏活动中,学生不知不觉地进行组词扩句,在识字课堂上玩得有意义,学得有兴致。相关教学片段如下:

(分别出示"云""雨""雪""风""花""鸟""鱼""虫"的图片)

师:说说你想到了什么。

(学生再次复述《对韵歌》)

师（出示云的图片）：你能不能给"云"字找个好朋友？

生：白云。

生：云朵。

……

师：今天老师也给大家带来了几个词语，请大家来读一读。

（出示常用词语"云彩""风云""云雾"，让学生再次读记词语）

师（出示"风""雨""雪"的图片）：你能不能也给这三个字宝宝找朋友？

生：大风。

生：风景。

师：你真棒！说出了"风景"这个词，那你能用"风景"说一句话吗？

生：这里的风景真美呀！

师：你说的句子更美！

生：我想到了"雪人"。

师：不错，你能用"雪人"说一句话吗？

生：我喜欢堆雪人。

生：打雪仗！

师：对！冬天，下雪了，我们可以打雪仗！

生：滚雪球！

师：看来同学们都很喜欢玩雪呀！那下面我们试着用"堆雪人""打雪仗""滚雪球"说几句连贯的话。

［出示句式：下雪了，我们在（　　）上（　　）、（　　）、（　　），玩得很（　　）。］

生：下雪了，我们在操场上堆雪人、打雪仗、滚雪球，玩得很开心。

师：很好，谁再来试试？

生：下雪了，我们在广场上堆雪人、打雪仗、滚雪球，玩得很快乐。

……

短短一节课，容量大、节奏快、步子小、关照全。学生识字，乐在其中，不仅认识了生字，还学会了说句子、读韵文。

六、教师幽默风趣，敏捷机智

教师的智慧在课堂上的作用不可估量，有时可以锦上添花，有时可以扭转乾坤。在这节课的"看图说词句"环节中，有个调皮的男生坐在凳子上晃来晃去，凳子"哐当"一下子就歪倒了，他也一屁股坐在了地上。他机灵得很，赶紧扶起凳子乖乖坐好，很显然没摔疼。大家的目光都转向这个男生。这时，只听庞老师微笑着叫他的名字，幽默地说："激动了吧？"短短几个字，一下子缓解了学生的紧张，也转移了大家的注意力。而摔倒的学生一听，竟然"噗嗤"笑出了声，到底是可爱又调皮的学生啊！听课的老师们也都忍不住嘴角上扬。看，庞老师很善于调控课堂，使学生在身心皆安全的环境中学习，保证了课堂教学的有效性。

总之，庞老师把课堂内容融于学生特别喜欢的游戏中，使课堂成了愉悦的学习场，学生个个兴味十足，不知不觉就背会了《对韵歌》，复习了拼音，强化了生字，训练了语感，积累了语言，效果极好。

从阅读走向**悦读**
——如何提升学生的阅读兴趣与能力

美读感悟，积累语言

我听了高君毅老师教的《田家四季歌》一课，其教学目标明确指向了听说读写。

首先，高老师以指名读、齐读等多种形式带领学生朗读课文，检查生字，扫除障碍，理清顺序；随后，二人小组互相检查，看谁读的声音最好听，不错字，不漏字；接着，教师指名四人各读一小节。通过朗读，学生弄清了儿歌的四个小节分别写了春、夏、秋、冬，并且点明了时间顺序。

高老师把"美读感悟，语言训练"作为本节课的重点，引导学生美美地朗读课文，指名再读各节，并让学生逐节品读、体会、运用并创编。相关教学过程如下：

教师先让学生自由朗读第1小节"春季里"，再指名学生朗读。教师由衷感慨："读得好美啊！"同时引导学生想象："春天来了以后，是怎样的情景呢？"教师带领学生朗读品悟，思考交流，并进行语言文字训练，填空："春季里，春风吹，_____。麦苗儿多嫩，桑叶儿正肥。"

教学第2小节"夏季里"时，教师采用自读、指名读、指导后再自读、指名汇报读等方式，重点指出"采了蚕桑又插秧"中的"又"字让学生体会、了解农民的繁忙和辛苦；再从文中找出表达农民辛苦的词语，并交流补充预习时查找的资料；最后填空："夏季里，农事忙，_____又_____。早起勤耕作，归来带月光。"

在教学第3小节"秋季里"时，着重抓住"谷像黄金粒粒香"，让学生体会比喻句，并模仿说比喻句。学生纷纷说："树上的大枣像一个个小灯笼。""树上的柿子像一个个小灯笼。""红苹果像小朋友的脸颊。"教师总结："用比喻形容，是不是更生动了呢？我们也是小作家，以后就可以这样说话或写句子。"接着让学生学着写句子，并把这小节用自己的话在小组里交流。

在教学第4小节"冬季里"时，让学生以美美的朗读感悟田家的乐趣。

教师最后将教学落到写作上，设计小练笔，让学生模仿儿歌形式创编"我眼中的四季"。

这节课容量很大，安排紧凑，层次分明，环环推进，扎扎实实地训练了学生的语言文字能力。无论是回答问题、讨论交流，还是朗读课文，学生都是那么自信大方、声音甜美、好学乐学、个性张扬。这节课处处闪耀着智慧的光芒。

教师能够认真倾听学生的发言，并做出恰当的反应，是具有良好的教育教学素养的体现，也是对学生的一种引领与尊重。这一点，在高老师身上表现得尤为突出。比如，在指名学生领读本文中的词语时，学生把"桑叶儿"中"儿"的轻声读成了二声，高老师听得非常仔细，马上纠正，并耐心强化了好几遍。在指名学生汇报读第1小节时，有个学生也没读正确"桑叶儿"这个词，于是高老师又认真地纠正了好几遍，直到学生终于有点进步了，高老师才微笑着罢休。再如：当一个语感很强的女生读第2小节时，高老师夸赞："读得真美，很有感情！"又一个学生读第3小节时，高老师直接问大家："他读得棒不棒？"学生不约而同地鼓掌。

在读的环节，无论是学生自读，还是指名读，高老师都认真倾听，并具体指导。比如，在指名读了第3小节"秋季里"后，高老师进一步指导："我从你的声音里听出了农民伯伯收获时的'喜洋洋'，可是从你的表情上没有看出来'喜洋洋'，再试一试。"经过提醒指点，在学生认真练读后，教师指名再读，马上就看到学生在语调与表情上都感受到位了，由此可以看出教师的指点多么重要。本课的最核心部分是抓住关键词句，引领学生感受一年四季的美丽以及农民伯伯的辛苦，引导学生热爱生活，并从中学习语言，积累语言，创新语言。比如，在教第2小节"夏季里"时，高老师抓住"采了蚕桑又插秧"中的"又"字着重让学生谈感受，从中了解农民的辛苦，再让学生从文中找出哪些词语写了"辛苦"，有哪些"农

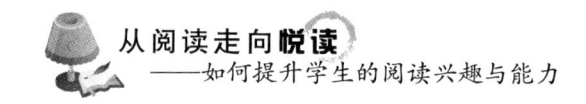

事"可忙,从而找到"早起勤耕作,归来带月光"这一句。

　　高老师以课文为例子,指导学生学习语言,创写语言。在带领学生朗读、理解以及感悟重点语句后,高老师又设计了学习每小节的写法写句子的环节。教给了方法,降低了难度,由浅入深,层层递进,让学生在不知不觉中,就学会了运用语言。高老师引领学生真正把课文当作了一个学习语言、运用语言的例子。比如,学生学习第3小节的一句"谷像黄金粒粒香"后,创编出了这样的句子:"枣像灯笼高高挂""柿子像灯笼圆又圆""苹果好似红脸颊"。语言生动形象,十分有趣。

课堂渗透篇　课堂情境创设，培养阅读兴趣

做一名敬畏课堂的教师

我曾听过张晓雅老师教学的《富饶的西沙群岛》一课。她那坚定的神情、稳健的步伐、和蔼的笑容、炯炯有神的眼睛、和学生交流时满眼的期许，展现在课堂上让人为之一振。她对课堂教学内容的熟练驾驭，以及和学生交流时的忘我，都深深感动着在场的每个人。

《富饶的西沙群岛》这篇课文是引领学生积累语言素材、运用语言的经典范文。张老师的课堂精彩地呈现了教学字词及指导朗读的过程，令人不禁慨叹：进行了如此扎实的训练，学生的语文素养怎能不提高？

一、字词教学，浓墨重彩

直奔主题，板书释意。张老师首先板书课题，她郑重地书写，每个学生也都专注地边观察边一笔一画地书空。接着张老师提醒学生"富饶"的"饶"字不能多点，并引领学生理解其意思。

夯实基础，逐层训练。张老师通过课件出示"富饶""岛屿""山崖""珊瑚""海参"等词语，让学生以读、说、想、看等形式进行扎实的训练。相关教学片段如下：

（出示"富饶""岛屿""山崖""珊瑚""海参"等词语）

师：请大家齐读一下这些词语。

（学生齐读）

师：读得非常准确，可见你们预习得多么认真！谁来做"小老师"领大家读呢？

（指名领读）

师：请同学们看，"参"是一个多音字，在这里读"shēn"。

师：请你说说自己知道其中哪些词语的意思。

生：我知道"岛屿"的意思。

师：你是怎么知道这个词语的意思的呢？

生：我是通过查阅工具书知道的。

师：这位同学通过查工具书进行自学的学习方法，值得我们学习！

（出示中国地图）

师：请大家看中国地图，找出海南岛的位置，这是我们引以为豪的领域。同学们对于"海防前哨"这个词理解了吗？

接着，张老师又结合图片带领学生理解"红缨"的"缨"是"用红色的线或绳子做成的"。还采用不同方法引领学生理解重点字词，手段新颖丰富，结合巧妙，既突出了重点，又攻克了难点，让学生理解透彻，印象深刻。

接下来，二人小组采用不同方式读词语，巩固词意。教师指名小组汇报，两个小组皆以自己独特的方式进行展示：一组一人读一词，另一组先一人读一词再齐读。

学生的学法都很有创意，这就给相对枯燥的解词、读词赋予了独特的趣味，在"你读我读、你说我说"的过程中一遍遍地读准确，强化了记忆，积累了语言。

到这时，字词训练仍没有结束。接下来张老师指导学生写重点字"威""武""懒""拣"等，先通过板书指导学生注意字的易错之处，然后让学生在本子上练写。相关教学片段如下：

师：同学们，我们来看几个难写的字。"威"，注意"女"字上面的小短横可不能丢。

（教师板书，学生观察并书空）

师："武"，斜勾上不能多撇。而且要想写得漂亮，就得放开，把这个斜勾写长一些。

（教师板书，学生观察并书空）

张老师在字词教学上浓墨重彩，板书每一个字时都十分认真，反复强化记忆。毛泽东说过，世上最怕"认真"二字，首先说的就是做事态度。为学生起着示范作用的教师，更要认真对待每个教学环节。

二、朗读课文，扎实指导

张老师先让二人小组轮流读全文，要求读准字、词、句子，最好加上自己的感受，然后逐段汇报。

指名读第1自然段后，张老师准确评价，先鼓励学生"声音真美啊"，再指明方向，带领学生思考文章所表达的感情，让学生试着读。学生很有悟性，注意了情感的表达，指名再读时立刻让人感觉情感充盈于词句之中，效果自然不同，这就是教师指导的魅力。紧接着再让学生齐读感悟。这样一来，学生一堂课总共朗读了四次，既有数量又保证了质量。

指名读第2自然段后，张老师评价："读得很熟练，只是有一处断句不恰当。"作出示范后又让学生读，接着全体学生齐读。张老师对学生及时鼓励："大家看这样一读是不是好些了，老师相信你们肯定比老师读得还好。"学生自读后，再指名读。张老师针对其中的一句进行了指导，而且给足了学生练习的时间，效果自然更好。这样在教师的细心指导下，学生的朗读能力就逐步提高了。

指名读第3自然段后，张老师表扬学生读得特别熟练，接着进一步引导学生自读体会"海参……""大龙虾……"两个句子在朗读时的区别。经过指点，学生再仔细读，就将海参的"懒洋洋"和大龙虾的"威武"分别读了出来，张老师欣喜地评价："读得真好听啊！让我们好像真的看到了懒洋洋的海参和威武的大龙虾了！"

指名读第4自然段后，张老师直接评价："你读出了特别有趣的感觉。"学生经过前三个自然段边读边指导的过程，都自觉注意到教师的提醒，从练习朗读到主动感悟，最后提高了朗读能力。

指名读第5自然段后，张老师直接评价："你读得太可爱了。"

指名读第6自然段后，张老师评价："你不仅读得非常流畅，而且会重读'遍地'这个词。"这时学生朗读就开始主动注意了，通过精彩的朗读，水到渠成地达到了深刻感悟的效果。

指名读第7自然段后，张老师评价并启发："该带着怎样的感情读呢？"接着引导学生读出自豪感以及对祖国的祝福。齐读、指名读、再齐读的练习，增强了学生的语感，凸显了语言表达的张力，

学生的表现一次比一次精彩。

三、围绕重点，展开研读

张老师让学生根据课文最后的"我发现课文是围绕一句话来写的"这句话，思考课文是围绕哪句话来写的。张老师板书"那里风景优美、物产丰富，是个可爱的地方"，并追问"围绕这句话写了哪些地方"，学生回答"海面、海底、海滩、海岛"后，张老师总结："课文从不同地点写出了西沙群岛的风景优美、物产丰富。"

四、拓展训练，积累语言

引导学生读词语时仅仅做到准确流利是远远不够的，还要读出感情来。张老师让学生齐读"风景优美、物产丰富、五光十色"等四字词语，然后再挑选几个词语让学生练习说话，学生用词恰当，语言表达完整。这个环节的设计意在使学生结合文本发挥想象力，积累语言、内化、运用语言。

在这节课中，张老师不是追求面面俱到，而是抓住一个点或一个面深入、透彻地带领学生探究，这种深度学习恰恰能够为学生打好学习方法、学习习惯、学习品质方面的基础。

这节课还有很多地方令人感动。张老师创设了一个安全的学习环境，与学生交流时真诚和蔼、亲密无间；张老师对每个学生都给予真诚、中肯的评价，鼓励中有建议，指导后再让学生体会，一遍遍地进行扎实的训练，使学生熟读成诵；张老师思路清晰，反应敏捷，充满智慧地调控着课堂，师生以及在场听课的教师零距离、无缝隙地交流，听而思，悟而得，其乐融融，智慧共生。

教师少说，学生多表达

于文玲老师上的拟人句专题训练课，我去听了，一进教室就看到写在黑板上的"专题训练：拟人句"几个字，大方俊秀，果真字如其人。这节课的容量大，于老师步步引入，处处精彩，驾驭课堂游刃有余，无限拓展了学生的思维，对提高学生语言运用的能力和语文素养都有很大的促进作用。

一、拟人例句与定义的比较

首先，于老师出示了一组拟人例句，让学生自读并思考：从中发现了什么？

1. 一只穿着五彩衣裳的大公鸡钻进了鸡棚。
2. 庄稼成熟了，稻谷笑弯了腰，高粱涨红了脸。
3. 春天到了，小竹笋从泥土里探出头来。
4. 小金鱼无忧无虑地游着。
5. 一群蚂蚁齐心协力把一只大蚱蜢抬回了家。

指名汇报后，于老师引出拟人句的定义：根据想象把事物当作人来叙述和描写，使物具有与人一样的言行、神态、思想和感情。一句话，拟人就是用写人的词句去写物。

于老师结合拟人句的定义，与刚才的五个拟人句分别对照，引导学生思考每个句子将物赋予人的是言行、神态还是思想、感情，使他们对拟人句的理解更加具体化。学生对此非常感兴趣，积极寻找每个句子的关键词是怎样拟人化的。

乍一看，这几个句子有的不太像拟人句，比如，"五彩衣裳"好像有点模棱两可，学生对"齐心协力"也有疑问。而对照拟人句的定义，"五彩衣裳"是对人穿着上的描写，"齐心协力"也是人所具有的思想，这样一思考，这都是拟人句嘛！而其他拟人化的词语就比较显而易见，"笑弯了腰""涨红了脸""探出头来"都是人的动作

神态,"无忧无虑"是人的思想状态,学生对此纷纷发言。相关教学片段如下:

生:把"五彩衣裳"比作羽毛。

师:请注意,不能用"比作",修改一下你的说法,想想怎么表达合适。

(学生认真思考,准确表达)

生:只有人才能"涨红了脸",把它当作人来写,就是给物赋予了人的神态。

……

学生一个个积极发言,准确表达,理解透彻。当然,这源于于老师对教学环节的精心设计与巧妙引入:先让学生对拟人句有大概的认识,再对照定义深入理解,从而知其所以然。

接着,于老师出示拟人例句,让学生进一步体会拟人手法的好处。

1. 大街小巷里,花色斑斓的小圆虫,披着俏丽的彩衣。
2. 它听到老鼠的一点响动,又是多么尽职。
3. 走进这片树林,鸟儿呼唤我的名字,露珠与我交换眼神。
4. 它们意味深长地对视良久,然后一齐欢跃地走回洞穴里去。

学生自读理解感悟,他们的汇报表明了他们体会深刻。比如,一个学生说:"'走进这片树林,鸟儿呼唤我的名字,露珠与我交换眼神'这一句很有画面感,拉近了自己与大自然的距离。"

接着于老师引导学生对比句子的两种表达方式,思考哪个句子写得好及其原因。比如,对比"走进这片树林,鸟儿呼唤我的名字,露珠与我交换眼神"与"走进这片树林,鸟儿叽叽喳喳地叫,露珠一闪一闪的"。又如,对比"大街小巷里,花色斑斓的小圆虫,披着俏丽的彩衣"与"大街小巷里,花色斑斓的小圆虫,身上很多种颜色"。通过比较,学生感受到用拟人化手法描写事物更生动。

然后,于老师出示句子让学生判断给出的句子是不是拟人句,并说明理由,以检查学生是否真正理解拟人手法并能够加以运用。

1. 小鸟是歌唱家。

2. 小鸟在枝头歌唱。

3. 索溪像一个从深山中蹦跳而出的野孩子,一会儿绕着山奔跑,一会儿撅着屁股,赌着气又自个儿闹去了。

4. 它(索溪)尤其爱跟山路哥哥闹着玩:一会儿手牵手,并肩而行……

经过前面几个环节的学习、思考、比较、交流和理解,学生很快判断出来,并能具体分析分别赋予物的是人的言行、神态、思想还是感情。

二、体会拟人手法生动的表达

于老师出示了几个句子,要求学生按照要求将语言拟人化。

使物具有人的言行(语言或行为)。

1. 蟋蟀在草丛里鸣叫。

有的学生改写:蟋蟀在草丛里唱歌。

有的学生改写:蟋蟀在草丛里讲趣事。

2. 向日葵不断地面向太阳晃动。

有的学生改写:向日葵不断地面向太阳做运动。

有的学生改写:向日葵不断地面向太阳点头微笑。

使物具有人的思想。

3. 这是一条幽僻的路,白天少人走,夜晚人更少。

有的学生改写:这是一条幽僻的路,白天少人走,夜晚更寂寞。

使物具有人的感情。

4. 河水流向远方。

有的学生改写:河水奔向远方。

有的学生改写:河水唱着歌儿欢快地奔向远方。

最后于老师总结:改写拟人句,可以赋予物以人的外貌、表情、动作、语言、情感、品德等。

三、改写拟人句的妙招分享

首先,于老师针对例句"柳枝在微风中摇摆不定"步步指导:一是在物的后面增加人的称呼,如"姐姐""妹妹""哥哥""弟弟"

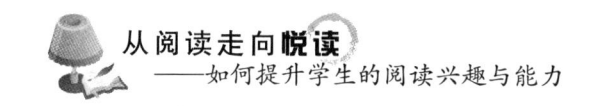

"公公""婆婆"等，如将"柳枝"改为"柳枝姐姐"；二是改变名词的说法，如将"柳枝"改为"柳树的头发"；三是用人做的事来代替句中的动词，如将"摇摆不定"改为"跳舞"。

其次，于老师创编拟人化表达手法的顺口溜："动物植物拟人化，拟人改写不用怕。增加人称改名词，人的行为代动词。看清事物是关键，抓住特征美化它。改完定要读一读，是否通顺合理化。"

最后，于老师总结改写拟人句的步骤：一是找到要当作人来叙述和描写的物；二是确定原句中描写物的动词，将其替换为描述人具有的言行、神态、思想和感情的词语；三是整理句子，使其通顺。

四、实践拟人句的改写

于老师要求学生将一组句子改写为拟人句。

1. 蝴蝶在花丛中飞来飞去。（改写后：蝴蝶在花丛中翩翩起舞。）
2. 春天，粉红色的桃花开了。（改写后：粉红色的桃花露出了笑脸。）
3. 春天到了，小草长出来了。（改写后：小草从土地里探出头来。）
4. 夜空中的繁星在闪烁。（改写后：繁星在一闪一闪地眨眼睛。）
5. 风儿不停地吹，小草来回摇摇摆摆。（改写后：风儿向小草招手，小草微笑着点头。）

在改写的时候，学生运用于老师讲到的方法，结合自己的理解、想象运用恰当的词语对物进行了拟人化的表达；汇报时针对自己写的拟人句中要说的物、当作人来写的词语，以及采用了什么样的拟人手法，做重点叙述，表达清楚明白，达到了学以致用的程度，把课堂教学推向了一个小高潮。

五、小练笔的融合运用

于老师要求学生以"今天我真高兴"为中心写一段话，并采用拟人手法，用上"闹钟""太阳""小鸟"等词语，写出自己高兴的心情。

学生汇报时于老师提醒：要把自己的心情描写得生动活泼，不能平铺直叙。一个学生这样描述："淘气的小闹钟一大早就'丁零零'地喊我起床。我吃完早餐去上学，太阳公公微笑着向我招手，小鸟在枝头为我唱歌。今天我真高兴！"于老师简练地用一字赞道"好"，之后，又干脆利索地以一词"下课"，使这节课完美结束。

六、本节课的闪光点

这节课，于老师设计了大量的句子训练，有层次，有梯度，指导方法后来都一一落到了实践中，使学生将课堂知识内化为自己的知识，妙趣横生，精彩无限。

于老师的语言极为精练，少而准，且有趣。在这节课上，于老师的语言几乎达到了"多一个字嫌多，少一个字不足"的境界，令学生思维灵动，受益无穷。比如，当学生精彩描述自己的看法时，她以欣赏的神情仅以一词赞道："鼓掌！"虽然于老师的话很少，但是情感特别丰富，而且善用体态语言与学生交流，善于启迪学生的智慧，挖掘学生的潜力。如过渡性语言："大家再看，来了，第四个小妙招！"又如，让学生从一句话中找出描写神态的词语时，学生没能立刻回答上来，于老师以夸张的神情"激将"："哟，被难住了？"再如，于老师评价时极其幽默风趣，如"小伙子改得不错，点赞！""咦，也不错啊！"当一个学生汇报改写的拟人句声音特别小时，于老师就问身旁的一个学生："你听见了吗？"此生摇头，于老师把手一摊，说："我也没听见，所以呢，一定要提高声音说话。"既包容了学生的不足，又给学生指出了努力的方向。当一个学生说自己改写的拟人句是"小草迎风起舞"时，于老师眼睛一亮，提高声音大加赞扬："简洁！真好！鼓掌！"这样的鼓励性语言简练到不能再简练，达到的效果却格外好。

于老师把时间还给了学生，以学生为中心。她以高超的表达艺术与学生交流，并把学生放到了课堂中央，而自己退居其后，甚至"隐身"。一个优秀的教师不会总是显得比学生聪明，而是常常把自己的聪明隐藏起来，装一装"愚"，给学生更多的表现机会，鼓励学生变得更聪明。这个班的学生自信、阳光，状态极好，敢于表达，

善于思考，在表达时神采飞扬，还不时运用恰当的手势来辅助。其实，这并不令人惊讶，学生的精气神正是源自教师的精气神。

我观察于老师上课时所站的位置，她或者在离学生最近的地方，或者退一旁站一侧，更多的时候是走入学生中间，很少见到她站在高高的讲台上和学生对话。这节课，实现从"对话"到"完成任务"再到"学生主宰"的课堂变革，呈现了以学生为主体的教学活动，教师只是组织者、引导者、帮助者，学生成为课堂上的主角。

我们要学习于老师的惜字如金，不妨先从控制自己的语言开始，学会省略。在学生主宰的时间段里，教师应该站在学生的背后或干脆隐身，当学生需要时再出现。教师只有转变自己的角色，找准自己的定位，"把时间还给学生，把话语权还给学生"的课堂变革才有可能真正实现。

语文课堂要有儿童趣味

《雾在哪里》这篇具有浓浓的儿童趣味的课文，是由年轻俊美、语音甜糯、笑容真诚、气质沉稳有灵性的孟玉威老师执教的。相关教学过程如下：

一是板书揭题。孟老师板书课题，学生书空并齐读。有个学生读得很平白，孟老师指导以后，学生再读时，就读出了问句的语气。孟老师的启发及时，指导到位，学生能心领神会。

二是学习字词。首先是对于字的学习，孟老师采用了多种形式的读。先让学生带拼音读，及时纠正多音字"切"的读音，再让小组组织练读、小组展示。接着是"幸运大转盘"抢读，以提高学生的专注力和读的准确度。设计这些环节的出发点是激发学生的学习兴趣，使枯燥的生字学习趣味化，让学生在兴趣盎然中不知不觉地学习与巩固。低年级学习方法的重点是识记，而孟老师积极引入各种识字方法，启发学生开动脑筋识记生字。对于词语的学习，孟老师采用了学生领读、"开火车"读、男女生赛读、齐读等方式强化记忆，并训练学生的语感。

三是初读课文。首先自读课文。学生读书时的状态极为喜人，无论是站着读还是坐着读都那么端庄自信、认真投入。其次是听配乐朗读。要求学生听准字音，注意学习并模仿。声情并茂的配乐朗读极具感染力，能帮助学生进一步感悟课文内容。雾把海岸、城市、房屋、太阳、街道、行人、猫、树木等一切都藏了起来，然后雾就开始思考：接下来把谁藏起来呢？那就把自己藏起来吧！于是雾散开后大海、太阳、城市、人等一切都逐渐清晰起来。多么有趣的一篇课文啊！以儿童的特有视角，通过俏皮的语言进行描述，既使学生认识了有趣的自然现象，又使他们感受到童真、童趣，学习并积累了语言素材。最后是指名读各节内容。孟老师及时评价："读得那

么好听，老师都沉醉其中了。"

四是再读课文。孟老师引领学生带着问题走进课文。相关教学片段如下：

师：请同学们思考"雾在哪里"，用横线画出来。

（指名说雾在哪里）

师：请看大屏幕，填空。

雾是个又（　　）又（　　）的孩子，一会儿飞到（　　），一会儿来到（　　），一会儿躲在（　　），一会儿又把（　　）藏起来。

师：同学们可以试填一下。

（学生填写）

师：请大家齐读。

（学生齐读）

师：雾把谁藏起来了？请大家用波浪线画出来。

生：雾把大海、船只、海岸、城市藏了起来。

生：雾把房屋、街道、人、猫藏了起来。

然后孟老师让学生逐句读"雾把谁藏起来"的句子，要求读出顽皮、淘气、可爱的语气。如对于"我要把大海藏起来"一句，首先教师读，然后指名读，再齐读；接下来是对"现在我要把天空连同太阳一起藏起来""现在我要把海岸藏起来"等语句的读的指导，然后孟老师追问："'我'把自己也藏起来，会是什么样儿呢？啊，一切都清晰展现出来了，那么美。"

五是指导书写。孟老师分别指导"散""步"两个字，并范写，同时学生书空，再将这两个字写在本子上。此时下课铃声响起，一节课戛然而止，干脆利索。

这节课，孟老师教学的状态、学生学习的状态，与课文的内容是那么和谐，那么富有童趣。

首先，孟老师的语言富有儿童趣味。孟老师性格温婉，沉稳大方，声音甜美，给人留下了极为深刻的印象。最关键的是她的声音极具柔性，语气、语调极富儿童趣味，像温暖的诗，又似和煦的春风吹进了学生的心田，一下子就把学生融化了。用这样的语言引领学生学习，怎能不吸引学生呢？

其次，教学环节设计富有儿童趣味。从对字的教学采用色彩艳丽的"动画抢读生字"的趣味设计，到运用"幸运大转盘"练习"火眼金睛"来激发学生的学习兴趣，从让学生激情迸发地"开火车"读词语，到男女生赛读，再齐读，这些设计都遵循了教育规律，符合儿童性格以及年龄段的特点，使学生学起来轻松自如。

再次，课文本身具有特别浓厚的童趣。本文以一个孩子的独特视角把"雾起雾散"的自然现象景象写得那么有趣可爱，将雾赋予孩子淘气、可爱的特点，语言风趣。每一句话读起来都是那样妙趣横生，学生读的时候，也自然能够读出雾可爱的样子来。

这样的课堂教学怎能不激发出学生的学习热情和阅读兴趣呢？

从阅读走向**悦读**
——如何提升学生的阅读兴趣与能力

从"教课文"到"教语文"

张丽华老师在《尊严》一课的教学中,真实,朴实,扎实。学生通过思考学习后交流碰撞,表达了各自的独特见解。

第一,以课文为例子,了解外貌描写。

学生快速自读课文,找出描写人物外貌的词句,然后在教师的引领下研读、理解、感悟。

教师出示第一句:"他们面呈菜色,疲惫不堪。"先指名朗读,学生一字一句,读得清晰流畅。下面是这一环节的教学片段:

师:菜色是什么颜色?
生:青色、土黄色、绿色。
师:他们的脸为什么成了菜色?
生:因为他们很久没吃食物了。
师:为何疲惫不堪?
生:由于饥饿。

(教师强调,引导学生明白他们是由于没有食物吃,所以疲惫不堪)

教师出示第二句:"只有一个人例外,这是一个脸色苍白、骨瘦如柴的年轻人。"下面是这一环节的教学片段:

师:谁来读读这一句?

(指名读,学生读得平平淡淡)

师:请你关注"脸色苍白""骨瘦如柴"这两个词,想一想怎么读。

(学生再读)

师:为何脸色苍白、骨瘦如柴?
生:他没有饭吃,太饿了。
师:这句话并没有提到"没有饭吃,太饿了",你是怎么体会到

课堂渗透篇　课堂情境创设，培养阅读兴趣

这个意思的？

生：我是从"脸色苍白""骨瘦如柴"等描写人物外貌的词语中体会到的。

师：要表达一个意思，有时不用直说，可以通过外貌描写去表达，突出人物的特点。

这样，就让学生进一步明白，可以通过外貌描写突出人物的特点。

第二，阅读相关材料，体悟外貌描写。

教师课前准备了两篇阅读材料，课上让学生进行阅读，并找出有关外貌描写的句子，进而体会人物的特点。

第一篇阅读材料是《慈母情深》。

先让学生快速阅读材料，画出有关人物外貌描写的句子。而后教师问："本文主要写了什么？"接着指名说，学生说得特别快，教师提醒其可以将速度放慢些，把每个字词都说清楚。学生立刻放慢速度，表述得特别清晰。

教师追问："有几处外貌描写？"学生找出了三处。教师分别指名朗读，让学生认真体会，理解感悟。

第一句："我穿过一排排缝纫机，走到那个角落，看见一个极其瘦弱的脊背弯曲着，头和缝纫机挨得很近。"

首先指名读句子，学生多读了后面一句，这时，教师立刻抓住这个生成，让学生一起读并讨论该句是否属于外貌描写，学生经过研读发现这个句子是动作描写。

接着让学生再读这句话，看哪些词应着重读。学生找出"极其瘦弱""脊背弯曲""挨得很近"，感悟到这是对人物的外貌描写。一读再读，从中体会到"瘦弱的母亲老了，眼睛也花了"，然后教师再指名读，齐读。通过这样的过程使学生逐步理解母亲的辛劳。

这时教师提问："外貌描写说明了什么？"使学生体会到母亲的工作很艰难，身体很瘦弱，她在用生命支撑着，从中感受母亲的坚强。

第二句："褐色的口罩上方，一对眼神疲惫的眼睛吃惊地望着

我，我的母亲……"

先指名读，再齐读。教师指出"眼神疲惫"读得没有打动自己。在教师的提醒下，学生再读这句话时，格外注意这个词，读得较好。于是教师及时鼓励："你真会读书！就这一个词竟然读出了这么多意思，着实令人感动。"

第三句："母亲掏衣兜，掏出一卷揉得皱皱的毛票，用龟裂的手指数着。"

先指名读。当学生把"龟（jūn）裂"读成了"龟（guī）裂"时，教师捕捉到这一生成，纠正读音，让学生练读并展示读。

接着学生齐读文中有关人物外貌描写的三个句子，再次体会外貌描写是怎样突出人物特点的。

第二篇阅读材料是《地震中的父与子》。

快速找出有关外貌描写的句子："他满脸灰尘，双眼布满血丝，衣服破烂不堪，到处都是血迹。"

先指名读，再齐读，并让学生从外貌描写中体会父亲的伟大。教师进一步启发："全文没说一句父亲多么伟大的话，你是怎样悟出来的?"再次强化外貌描写的作用。

情境填空，填写外貌特征。创设情境，选择恰当的句子填空："一个孩子的妈妈没在家，个人卫生很差。他的头发＿＿＿＿，小脸儿上＿＿＿＿，手＿＿＿＿，衣服＿＿＿＿，鞋子＿＿＿＿。"先让学生在小组内说，再指名说。

张老师在课堂上抓住一个训练点"关注人物的外貌描写"，引导学生深入探讨如何表达主题。先以课文为例子，引导学生通过有关外貌描写的重点句子了解人物的特点；再让学生通过阅读两篇阅读材料《慈母情深》《地震中的父与子》感悟外貌描写的作用，从而体会人物的特点；最后进行情境填空，让学生感受如何通过外貌描写增强人物的表现力，从而促使学生加深对文本的理解，指导学生写作。这节课主题好，思路清，由浅入深，层层递进，学生受益匪浅，主要体现在以下几个方面。

首先，以课文为例子，带领学生学习对人物的外貌进行描写。

从这节课可以清楚地看到，张老师不是在"教课文"，而在以课文为例"教语文"，教给了学生学习的方法，落实了语言文字的应用，让学生通过学习外貌描写的方法体会文章所表达的思想感情，实现从"学会"到"会学"的转变。

其次，捕捉课堂生成，关注每个学生的成长。张老师机智敏捷，善于留心细微之处，并及时做出反应，把个案作为支点，关注全体学生的能力培养。比如，指名读"我穿过一排排缝纫机，走到那个角落，看见一个极其瘦弱的脊背弯曲着，头和缝纫机挨得很近"这句话时，学生多读了一句，张老师立刻抓住课堂的这一生成，让学生一起研读这句话，仔细体会该句是否属于外貌描写。学生都很认真地读起来，读完后发现该句是动作描写。再如，在张老师指名读后，一个学生谈感悟时说得太快了，张老师就立即提醒其把语速放慢，学生立刻就纠正了自己的问题，这一细节处理得恰到好处。我想，这些环节在张老师的预案中是没有的，但是她的心里永远放着每一个学生。教师就要具有这样的能力，及时捕捉生成，并机智地将其变为教育的良好契机。

再次，学生的学习状态"静如处子，动如脱兔"。我观察到，在张老师的课堂上，学生都在全神贯注地学习，那种沉静思考的状态令人惊叹。他们表面看似平静，而胸中却像有一团火在燃烧，思维在跳跃，灵感在碰撞。这跟几年来张老师对学生潜移默化的影响分不开，她沉稳淡然，气定神闲，语言凝练严谨，句句话都能说到学生的心坎里。教师和学生如此默契，这就是真功夫吧。

活动延伸篇

活动拓展延伸，发展阅读兴趣

丰富多彩的系列阅读活动，如建立阅读俱乐部、创办迷你文学社、举办阅读报告会等，可以培养学生的阅读兴趣，为学生创造施展才华的平台，使他们逐步实现自主阅读。学生通过读故事、讲故事、演故事，真正成了阅读的主人。研学旅行使阅读学习立体化，把课内与课外结合起来，把书本与实践结合起来，使自由阅读的氛围更加浓厚了。编写阅读小报，增添了读书趣味，能发挥学生的想象力，使学生在设计、绘画、提炼思想等方面的能力得到综合提升。这一系列活动能使学生爱上阅读，继而也爱上写作文，一个个小作家正悄然成长着。

活动延伸篇　　活动拓展延伸，发展阅读兴趣

自主式阅读俱乐部

阅读教育的目标是使学生从"不会读书"到"自主读书"，这必须通过大量的阅读实践来实现。因此，我们倡导广泛的、自主的、个性化的阅读。我们开发学校图书馆、班级图书架等阅读资源，改善阅读环境，使学生能够广泛而个性化地阅读。在此基础上，还帮助学生建立阅读俱乐部，举行阅读报告会、故事会等，并逐步实现让学生自主举办活动，从而让他们成为阅读的主人。在这种情况下，当学生参与阅读活动不再是被动的而是主动的时候，阅读就会更加有效。

教师还可以引领学生创办迷你文学社、辩论社，开展品经典读书报告会，或带领学生读故事、讲故事、演故事等。

迷你文学社，突出一个"小"字，让班级的学生根据性格、兴趣及住址自主结合，成立小组，活动时间定在节假日。每期确定一个主题，或阅读，或朗诵，或交流写作，有时也可以小组约好一起到大自然中汲取精华，捕捉灵感。

辩论社，它的提出源于国内知名大学开展的辩论赛，辩手们在赛场上的精彩展示，让我们产生了让学生也试一试的想法，以从小培养他们敏捷灵活的思辨能力、卓越的口才、缜密的思维、严谨的表达。每个年级都有不同的辩论主题，每个班都开展辩论活动，人人参与。学生通过准备材料、研究设计、实践演习、现场辩论，张扬了个性，明辨了是非，提升了辩论水平。

品经典读书报告会，是学校将自主编写的校本教材《中华经典诵读》纳入课程，然后让学生在诵读经典的基础上进行的。在报告会上，学生结合自己的经历谈感悟、心得。只有学生真心投入阅读，其感受才能是真挚的。

而读故事、讲故事、演故事，永远是学生喜欢做的事情。为了

促使学生多读书、好读书，并能将所读书的内容讲出来，锻炼其表达能力，练就侃侃而谈的本领，我们特地为学生开辟了故事屋。根据各年级学生所学教材和年级段的特点，以及所读课外书的不同，故事屋设有多个故事主题。每个年级的学生都可以在这里尽情阅读，一般安排在课外活动时间。

主题有文人墨客及历朝皇帝的故事、古今中外的不同文化、名著节选、著名战役、电影故事、绘本阅读等，有数学的、生物的，课内的、课外的，无所不包，如"平津战役""我也讲《水浒》""明朝那些事儿""《红楼梦》中的饮食文化"等。

故事主题有时是学校确定的，有时是班级推出的。除年级教师组织学生参加外，其他学生也可以自愿参与。

比如，关于"古人读书小故事"的主题，能使学生了解古人是怎么读书的，从而学习古人刻苦、勤奋、好读、乐读的精神。有的学生选择孔子"韦编三绝"的小故事。孔子花了很大精力，把《周易》全部读了一遍，基本上了解其内容；不久又读了第二遍，这次掌握了它的基本要点；接着又读了第三遍，对其精神与实质达到了更透彻的理解。以后，他又深入研究了这本书，既出于自己的兴趣，也是为了给弟子讲解，其间不知翻阅了多少遍。就这样读来读去，把串联竹简的牛皮带子磨断了好几次，不得不多次换上新的才能使用。

有的学生选择江泌"随月读书"的小故事。南齐有一个读书人叫江泌，他白天要工作，晚上才有时间读书，但因家贫买不起灯，只好利用有月光的夜晚读书。每当月光西斜，江泌就搬一架梯子搁在墙角下，站在梯子上读，月光逐渐下坠，他就一阶一阶爬高，一直爬到屋顶。有时读得太投入了，他会忘了自己在梯子上，一不小心就会掉下来，然后他赶忙起来，连身上的泥土也顾不上拍掉，就又爬到梯子上，继续读。

有的学生选择李密"牛角挂书"的小故事。隋朝时的李密非常专心向学，分秒时间都不愿浪费。有一次他要去缑山，怕途中耽搁太多时间，于是在出发之前，把用蒲草编织的鞍子放在牛背上，将

活动延伸篇　活动拓展延伸，发展阅读兴趣

要阅读的书挂在牛角上，一边骑牛一边读书，十分专注，连大臣杨素经过，也丝毫不觉，其勤学、专注之功令人敬佩。

还有"囊萤映雪""头悬梁，锥刺股"等许多关于勤奋读书的小故事，都可以在这个主题的故事屋中展示。

有时候也可以不定主题，让学生自主准备故事的内容，从活动的筹备、设计到主持、组织都由学生自主进行，教师只在旁边默默关注，在需要的时候，才作为顾问出现。如学生自主策划的故事屋内容，所讲的是"指鹿为马""百鸟之王""守株待兔"等故事，效果特别好。给学生提供这个练习场，是为了使其充分张扬个性，促使他们广泛深入地阅读。

对于高年级学生，可以直接放手让他们去做，充分相信他们的能力和水平。事实也证明，给了学生施展自己才华的舞台，他们无限的潜能和创意就会被释放出来，常常能给人带来惊喜。

无论是什么样的主题，最后都要评出"故事大王"并颁奖。各班评出的"故事大王"还要上学校讲坛历练。作为老师，我们要想方设法让学生在小学阶段遇见最美好的童年，留下最深刻的记忆，努力让学校成为一个共同阅读的地方，一个获得阅读体验的地方，一个独一无二的地方，一个梦想成真的地方。

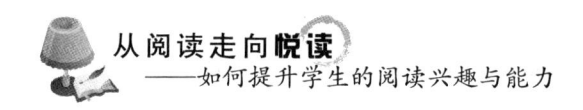

从阅读走向悦读
——如何提升学生的阅读兴趣与能力

我们的"阅读存折"

我们在引领学生阅读的过程中,常常会开展各种活动激励学生。比如,带领学生设计"我的阅读卡",在卡上填写自己阅读的书目、时间以及读到的好词、好句、好段和读书感想。儿童的天性就是好奇,我们要遵循儿童的身心发展规律,不断开发出一些新鲜有趣的活动,激起他们更大的阅读兴趣。

在"我的阅读卡"的基础上,我们广集学生智慧,设计出了非常漂亮的"阅读存折",其形状与大小和真正的存折相差无几,方便存放。在存折的封面上填写开户地点、开户人及签发日期。打开"阅读存折",填写阅读者的简单信息,如姓名、爱好、年龄、生日、身高、体重等,以及最喜欢的作家和最喜欢的读书格言。进入下一页,填写阅读时的日期、书目和作者,在"存入"一栏填写所读的页数,在"行长"一栏由家长签名,还有"家长评价""财富积累"等栏。此外,还设计了阅读开户宣言"本人愿意自存折启用之日起,保证每天抽出 30 分钟的时间阅读"。当然,我也有一个"阅读存折",要和学生一起阅读,以此带动学生翻开一本本藏有智慧的书,点亮一盏盏心中的明灯,让阅读成为我们生活中的一部分。

设计好"阅读存折"之后,我们就在班级里隆重举行了发放存折仪式,学生看到这样的存折,都高兴地欢呼起来:"我也有存折了!"虽然他们也知道这是激励自己阅读的一个办法,却仍然十分高兴。他们对"阅读存折"充满新奇感,纷纷议论着。我带领学生认真阅读并填写每一项内容,一起庄严诵读阅读开户宣言。我看到,学生除了有新鲜感,还有一种庄重的仪式感,都很认真对待这件事。

"阅读存折"里的"财富积累",是指学生的阅读量或给家长讲故事的累加量。阅读就像往存折里存钱,日积月累,你可能就会变成精神上的百万富翁。家长就是"行长",根据孩子的阅读量、阅读

活动延伸篇　活动拓展延伸，发展阅读兴趣

态度、阅读效果等填写"财富积累"的数额，帮孩子积累这珍贵的精神财富。在每天 30 分钟的阅读时间里，低年级学生或自主阅读或给家长讲书里的故事，中、高年级学生则侧重阅读并书写读书感悟。教师根据每个学生"财富积累"的总量进行月评和学期评比，选出"阅读小明星""阅读小硕士""阅读小博士""书香学子""阅读富翁"等并奖励他们书籍。学生履行着阅读开户宣言，记下阅读的日期、书目及作者等。就这样，"阅读存折"成了帮助学生养成自觉阅读习惯的一个重要方法。

"阅读存折"由家长、教师与学生一起填写，记录下学生在阅读过程中的点滴进步，通过积累财富，表彰先进，激励学生大量阅读，提升了学生的写作能力和学习能力。

学生很喜欢"阅读存折"，家长对这样的做法也很支持，他们都明白：学校变着法子激励学生多看书，不管是"我的阅读卡"还是"阅读存折"，在学生心里都是新鲜有趣的，这样积少成多，以后将是一笔巨大的精神财富。

我们还定下每月开展一次"晒晒我的'阅读存折'"活动。第一个月晒"阅读存折"的时候，我发现学生对各个项目填写得还是比较完整的，不过，也发现有些学生写感悟比较难，不知道写什么。于是，我着重在这方面对他们进行引领，使学生打开"脑洞"，提示他们可写的有很多，比如，故事情节给你带来了什么触动？人物的语言让你体会到了什么？从环境的描写中感受到了什么？看到主人公的故事联想到自己身上发生过的类似事情等。还可以从写作方法上来写，如从作者的语言描写、细节描写、对比描写、修辞方法等方面来写自己的感受。

例如，我们班的欧阳静同学读了《巴黎圣母院》后，写出了这样的感悟：

一天，爸爸给我买了一本书——《巴黎圣母院》，我迫不及待地看了起来。这个悲惨的故事发生在路易十一统治下的法国巴黎，纯洁善良的吉卜赛少女艾丝美拉达因为美丽，被心怀邪念的克洛德副主教陷害，在她被送到绞刑架上将要被处死的时候，一个丑陋的敲

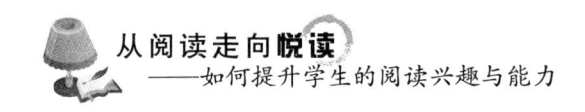

从阅读走向悦读
——如何提升学生的阅读兴趣与能力

钟人加西莫多救了她。作者通过这样的故事，讴歌了正义与善良的伟大力量，其艺术魅力震撼人心。读了这本书，我想起了我们班的"正义女神"司雯同学，她就像加西莫多、艾丝美拉达一样善良。可我有时却像格兰古瓦，班级里发生的一切好像都不关我的事似的，我只是一个旁观者。对此，我感到很惭愧。

又如，欧阳静同学在阅读了"哈利·波特"系列之后，写下了这样的感悟：

我刚开始不喜欢看"哈利·波特"这类书，还嘲笑看这类书的人简直是"傻瓜"。但是自从偶然一次看了《哈利·波特与阿兹卡班的囚徒》之后，我才不得不承认罗琳写得太好了，也不得不承认我也是一个"傻瓜"了。之所以喜欢是因为两点：第一，还没看书，就被书的封皮吸引住了；第二，故事情节曲折感人，结局都非常圆满。以前到书店我总是先看漫画类的书，而今，"哈利·波特"成为了我的首选。

每个学生都有一颗上进的心。学生把每个月的"阅读存折"拿出来对比，当看到其他同学的"财富积累"增加了，就更加主动地阅读了，在比、学、赶、超的浓厚氛围中，学生的阅读量大大增加了。

"阅读存折"让学生的阅读不再枯燥，而是充满了乐趣，充满了激情，使他们在阅读中不断获得满足感，拥有自豪感，从而达到了"我要读书"的积极状态。

活动延伸篇　活动拓展延伸，发展阅读兴趣

阅读小报我做主

　　阅读润智，行健慧生。我校开展的"行走在阅读间"活动，将阅读与运动相结合，成为学生拥抱自然、走向社会乃至世界的常态化阅读活动。学生不仅自己读，还和家长一起读；他们在家里读，去图书馆读，到大自然当中寻找环境优雅、惬意舒适的地方读；不仅仅读，还养成了凡读书就要写读后感的好习惯。我们也根据学生的特点不断地创新阅读方法，如让学生自主编写喜闻乐见的阅读小报，既增添了阅读趣味，又使学生在设计、绘画、书写等方面的综合能力得到了锻炼。

　　那么，如何指导学生办好阅读小报呢？教师可以根据国家课程或校本教材有计划地进行，让学生与家长协同，将读书心得及搜集到的报刊小资料、格言等汇编成阅读小报。教师可以为学生确定阅读小报的主题，让学生概括所读好书的主要内容，摘录好词、好句，同时简单写出收获、感悟，从而在这个过程中不断提高语文素养。

一、"我爱家乡"阅读系列主题

　　比如，学完"我爱家乡"主题单元，正值中央电视台热播《舌尖上的中国》，我们就结合本市情况，提出"舌尖上的濮阳"这一主题，鼓励学生阅读与濮阳饮食文化相关的书籍资料，调研讨论后制作阅读小报，抒发对家乡的热爱，同时阅读小报也能推介濮阳，使人们了解濮阳。

　　王启凡同学在阅读小报"吃在濮阳——凉皮篇"中这样介绍：凉皮历史悠久，据说源于秦始皇时期，距今已有2000多年历史。凉皮是陕西、河南、甘肃很受欢迎的传统小吃，濮阳的凉皮可有名了，有三种吃法：拌凉皮、卷凉皮和炒凉皮。看着油汪汪、红亮亮、香味十足的拌凉皮，让人直流口水啊！

　　张耀然同学以"壮馍"为题制作阅读小报。开头的一句广告语

"超美壮馍，放不下的好滋味"引人入胜，接着介绍壮馍的来历：相传乾隆年间，有一位书生中了头名状元，好友为庆贺其金榜题名，在御宴上呈上自制的面饼，皇上吃后赞不绝口："入口焦中有绵，酥中有咸，脆中有甜，味道多感。圆就象征团团圆圆，烤色金黄就象征前程似锦，状元吃的这个馍馍啊，就叫壮馍吧。"最后介绍制作方法：用精制面粉和面，擀成面片，将瘦肉、粉皮、大葱等用调料拌馅夹在中间，用擀面杖擀成饼状，锅里加入油，烧五成热，放入生坯，用小火煎烤，两面金黄，油烙而成。

二、"七彩龙乡行"阅读系列主题

比如，景慧娟老师所带的班级设计了"情醉美丽濮阳，梦寻中华龙都"专版，其中，贾森鹏同学的阅读小报主题选择了仓颉和戚城遗址。仓颉，据说是南乐县人，黄帝史官，汉字的创始人，被尊为造字圣人。相传仓颉始作书契，以代结绳，在此以前，人们结绳记事，即大事打一大结，小事打一小结，相连的事打一个连环结。戚城，又称孔悝城，是春秋时卫国的重要城邑，在公元前625—531年近一个世纪的时间内，各诸侯国在卫国会盟15次，其中有7次就是在这里举行的。沐歌同学的阅读小报以"中华第一龙"为主题。"中华第一龙"被发现于濮阳县城西水坡的仰韶文化遗址，当时发现了墓室中一个壮年男性骨架的左右两侧有用蚌壳精心摆成的龙虎图案，龙图被考古学者认定为"中华第一龙"，从此濮阳被称为"龙乡"。

三、"我爱我校"阅读系列主题

我们还根据学校的情况就地取材，引领学生阅读学习，调查研究。我校是花园式学校，有种植近30年的长廊葡萄架和茂盛的木瓜树；有山楂、油桃、蟠桃、晚秋黄梨、苹果、樱桃、石榴、软枣、杏等果树；有各色的观赏花树，如广玉兰、海棠、百日红、桂花、栀子等；有塔松、水杉、枫杨、南天竹等见证着学校成长历程的高大树木；有大花月季、红叶石楠、郁金香、鸢尾等观赏花卉。一提出要将我们的校园作为阅读主题去研究，学生就表现出了极大的热情和浓厚的兴趣。他们在教师的引导下有计划地查找相关资料，阅读专业书籍，逐步研究下去。学校还专门邀请林科所的专家针对果树等植株进行详细讲解，学生在做记录的同时思考并提问，进行了深度学习。学生都惊奇于这些熟悉的植物竟藏着那么多不为人知晓的奥秘，并以"水润学校植物大家族"为主题编制了阅读小报。

王睿钰同学的阅读小报题为"校园植物知多少"，选取广玉兰、樱花、木瓜等植物，深情地展示了其习性、作用等。她这样介绍木瓜：木瓜，蔷薇科，落叶乔木，别名铁脚梨、降龙木，观赏树种，花小而多，可整株入药。学校正对大门处就有几棵高大的木瓜树，每年金秋时节，硕大的果实挂满枝头，黄绿香郁，堪称一道亮丽的风景线。

学生积极探索着植物的奥秘，增长了知识，同时也感受了花草树木相映成景、人与自然和谐相处的美好。

四、阅读系列主题异彩纷呈

五年级提出"孝道文化""师恩难忘""同学情深"感恩系列阅读主题，学生做调查后编制了精彩的阅读小报。如有的学生以"感恩的心"为主题，展示有关孝道文化的故事，如"孝感动天""百里负米""亲尝汤药""卧冰求鲤"等，并配有《游子吟》等古诗。

郭盼云老师所带班级确定的阅读系列主题为"我爱经典"，学生阅读《大学》《论语》《中庸》《诗经》《千字文》等经典传统文化，并从中选取部分内容制作了精彩的阅读小报。

此外，"我爱戏曲""古诗词里的传统节日""民俗民风"等都是我校阅读小报的主题。

五、极具个性的家校阅读联盟

我校的家校阅读联盟利用暑假组织家长和学生一起读书，学生在家长的指导下创办阅读小报。

如有的学生在家长的指导下创办小报"阅读照亮童年"，小报的背景只是一条道路、一叶帆船、一个卷起的书简，图案简洁，线条明快，体现了鲜明的主题思想。阅读的书籍是马克·吐温的《王子与贫儿》，主要内容：贫儿汤姆与王子安德华同天出生，长得极像。

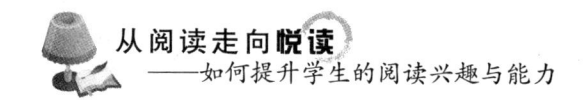

一个偶然的机会,他们互换了衣服,互换了身份,王子安德华在贫民生活中吃了很多苦,看到了劳动人民的悲惨。而贫民汤姆当了国王,废除了一些残酷的法律,救了一些无辜的犯人。最后他们换回了身份。

又如,有的学生与家长共同创办小报,题为"阅读童趣",主要介绍我国四大古典名著之一《西游记》,并用一句话概括内容:唐僧师徒四人,西行取经,经历九九八十一难,一路降妖伏魔,最后到达西天取回真经。其版图设计极为简洁,一条彩虹,一个太阳,一朵鲜花,一座由几条短的、长的直线勾勒出的小房子,给人干净而醒目的感觉。

再如,一个学生读《我班流行写小说》这本书后,与家长商量着创编了阅读小报,以彩虹为背景,下面画了一只美丽的蝴蝶,彩虹上交互呈现五星、红心和花朵。小报有三个栏目:主要内容、好词好句、我的收获。主要内容:一天,我班突然流行起写小说,最积极的有三个人,这三个人还专门开了小说博客,分别命名为"梦幻公主风""校园搞笑风"和"中性爽朗风",吸引了很多读者。这期间有老师的"围剿"、网上的恶意攻击、妈妈的善意批评,都在打击他们的自信心。虽然小说总也写不到结尾,他们却从中获得了许多快乐。在"我的收获"中写了这样两点:小说是用来抒发心情的,可以在空余时间创作,但不能影响学习;做人不可以吹牛,也不可以小气。

总之,这样的阅读小报,没有固定格式,没有具体要求,就是让学生发挥无限的想象力,发挥创意,从而培养其创新能力。

活动延伸篇　活动拓展延伸，发展阅读兴趣

研学旅行——立体的阅读

我曾有幸参观过杭州市新华实验小学，那次参观让我感受了一次"教育的行走"。之前我对该校是以文字的形式去阅读、了解的，实地考察后验证了自己的想象，丰富了内心的感受。学生的阅读也一样，不能只局限于对书本知识的阅读，还要多看、多走、多体验。书读得再多，依然是书上的东西，而走出去，体验书本以外的东西，从现实生活中找到这本书的痕迹，感受就会更加丰厚。

"读万卷书，行万里路。"这句话其实就是在说，让阅读行走起来，借助多种手段和形式，在不同的空间选择不同的阅读平台，进行全方位的生态阅读，克服课堂阅读的局限性，有效激发学生的阅读热情。2016年底，教育部倡导学生研学旅行，并将其纳入教育教学计划之中。我校结合实际，依托我市戚城公园、"中华第一龙"与"仓颉造字"文化遗产资源、清丰单拐红色教育资源、濮上园拓展训练实践基地、陶艺馆、工业农业园区、自来水厂、环保局、博物馆、文化馆、科技馆等研学旅行基地，对学生进行爱国主义、革命传统以及国情教育，使学生了解了祖国的大好风光、民族的悠久历史、革命的优良传统，开发了科技、人文、活动体验等多种类型的课程。

无疑，研学旅行就是让学生"在游中有所学，在行中有所思"，是课堂教学的延伸，让学生在观光、交际中阅览风土人情，提升对社会的认知，绝不是简单地走走看看，而是结合学科内容和当地特色的深入旅行。我们坚持知行合一，引导学生积极参与，注重实践、体验与养成教育。游，仅仅是知的开始，在每次研学旅行结束后，学校都会对游学课程从时间观念、专心学习、遵守纪律、文明礼貌、个人形象等方面进行过程性评价，以班会、主题演讲、征文比赛、绘画摄影展、成果展等形式做总结性评价。

如清明假期，我校三年级一班"星火燎原"研学旅行社团在教师与家长的组织下，去清丰单拐参观红色革命根据地——冀鲁豫边区革命纪念馆。学生踏着先烈的足迹，了解了日本侵华时红军长征的情况，观看了国民革命军第八路军指挥系统、"六六"会议的相关资料等，了解了八路军东渡黄河，挺进冀鲁豫，创建了全国最大的抗日根据地，边区两千万人民共同英勇抗敌的事迹，深受感动。

我校四年级八班的"雏鹰"研学社团在濮上园拓展训练实践基地的专题是"我是一个兵"。这次活动内容包括整编小组、站军姿、学敬礼、单兵战术训练、实战对抗，使学生懂得了在消灭敌人的同时学会自我保护，学习了军人能打必胜的战斗作风，体会到只有纪律意识强烈的军队才有凝聚力。活动锻炼了学生的独立性，使他们学习到军人迎难而上、不抛弃、不放弃的团队精神。

五年级一班的"我心飞扬"研学社团也要出发了，去亿丰时代广场研学旅行，专题为"瓷砖绘画"。学生将自己的向往表达在瓷砖上，勾勒轮廓，细描慢写，不一会儿工夫，一间房屋、一片蓝天、一汪清泉、一株向日葵就跃然于瓷砖上，再以颜料着色后完成。看着自己的作品，学生的成就感十足，一幅幅鲜活的作品承载着学生对未来的美好期望。

五年级二班的"梦想之星"研学社团利用周末参观了人民防空展览馆。学生在此步入了全新的世界，了解了国防建设的巨大成就，观看了第二炮兵部队的导弹装备及海、陆、空三军着装，模拟了太原卫星发射，体验了电子翻书，试听了防空警报，观看了空袭演练，体验了地震模拟现场，并学习了如何在灾难面前保护自己，参观结束后学生们对高科技的力量赞叹不已。

学生对参与这些多样的研学旅行活动很感兴趣，在活动中，他们可以通过写写、演演、说说、画画等形式进行交流，开阔了眼界，丰富了知识，润泽了心灵，培养了团队意识，增强了对环境、历史、社会的理解和认识，能力得到了全方位的提升。

活动延伸篇　活动拓展延伸，发展阅读兴趣

其实，研学旅行这种走动式的学习阅读，除集体组织，学生三三两两组合也是可以的。比如，有学生喜欢读苏轼的书，就把有关苏轼的书都找来读；利用寒暑假，家长再陪他去相关地点旅游，追寻苏轼的足迹，这样就把书本跟实际真正结合起来了。

从阅读走向悦读
——如何提升学生的阅读兴趣与能力

倾听朗读者的心声

2017年2月18日,文化情感类节目《朗读者》在中央电视台综合频道与综艺频道黄金时间开播了,这对中国民众和文化传承都有重要意义。一说到"朗读者",我们的第一反应一般是美文鉴赏,由专业的播音员、朗诵家完成,而这个节目的宗旨是以朗读的形式为平凡人发声,推动心灵与心灵的相互靠近。所以,在人员安排上,除了志愿者白岩松,嘉宾许渊冲、柳传志、刘震云、斯琴高娃等人做强大后盾,还有许多热心的群众加入。在这里,凡是想说的话,想表达的情感,都可以从朗读的篇目中传递出来,呈现文学之美、生命之美、情感之美。节目展现的并非朗读技巧,而是真情实感。因为文字承载情感,而朗读就是以最直接的方式来表达、传递情感。

朗读不仅是对文字的传播,更是对生命的展示、对生活的热爱,能触及心灵最柔软的地方。朗读既是一种高端的文化欣赏,又具有很强的群众基础,朗读的人可以是多元的,所朗读的内容也可以是多元的。源于此,学校举办的有关朗读的活动也应运而生,如"朗读空间""朗读吧"等。

2017年春天,我校的"水韵实小——朗读空间"就在这样的环境下诞生了!这里会集了许多喜欢朗读的人,有校长、教师、社会人士,当然更多的是可爱的学生。朗读的内容可以是散文、诗歌,也可以是书信、剧本;可以是文学经典,也可以是至亲间真情流露的质朴文字;可以表达记忆或情感,也可以分享在某个重要时刻的独特感受。总之,只要是好的、可供欣赏的,都可以拿来诵读。

在这里,谁都可以捧起一段喜欢的文字,静静地站在麦克风前,让美好的情愫化作一段跃动的声波,用声音唤醒情感,用声音传播美好,用声音礼赞生命。

在这里,学生可以和教师或家长一起讲述动人的故事,读出心

活动延伸篇　活动拓展延伸，发展阅读兴趣

中的自己。

在这里，每个人都是朗读的人。无须关注朗读技巧，只需让心沉静下来，用最真实的情感读出文字及其背后的含义与价值。

徐相瑞副校长带来了一首舒婷的《致橡树》，甜润、柔美、舒缓的诵读似潺潺小溪在缓缓流淌，纯净、轻灵且温暖。

王志敏主任带来了家书《写给女儿的一封信》，这位温婉多才的妈妈分享着感人至深的心里话，引起了听众的共鸣，使家长回想起孩子成长中的点点滴滴，幸福感溢满心头。

窦明琦主任带来了一首洛夫的《众荷喧哗》，绿荷红花，鸟蝉轻唱，那份清新与优雅、静谧与灵性，使听众感觉已然置身于满塘清香中了：

众荷喧哗
而你是挨我最近
最静，最最温婉的一朵
要看，就看荷去吧
我就喜欢看你撑着一把碧油伞
从水中升起
……

张丽华老师朗诵了海子的《面朝大海，春暖开花》，语言明朗自然，诵出了诗人的真诚善良：

从明天起，做一个幸福的人
喂马，劈柴，周游世界
从明天起，关心粮食和蔬菜
我有一所房子，面朝大海，春暖花开
……

张老师的十几位学生陆续登场。谷蕴涵带来了贺知章的《咏柳》，刘清扬带来了杜甫的《赠花卿》，刘佩慈带来了《秋夕》，宋佳贤带来了《送孟浩然之广陵》，张一驰带来了《春日》……他们都自信而沉稳，让听众感受到了别具一格的古朴韵味。从他们灿烂的笑容里，我们看到了生命在拔节，幼苗在成长……

二年级六班的郝明泽朗诵了一首《我想》,描绘出了孩子快乐的童年以及对美好生活的向往:

  我想把小手
  安在桃树枝上。
  带着一串花苞,
  牵着万缕阳光,
  悠呀,悠——
  悠出声声春的歌唱。
  ……

大家带来的文字感动了自己,也感染了他人,一首首动情的诗歌,一句句真挚的话语,在"朗读空间"流泻,这是来自心底的声音,就像甘甜的泉水汩汩冒出,使师生们体验到了一种仪式感,隆重而亲切,给师生们带来了思考与启迪。

在闫学老师的线上直播群里看到了新入职的陆智强老师的"朗读吧",陆老师虽然年纪轻轻,但是这个"朗读吧"做得很有水准,他用心创建了极具吸引力的语言磁场,满含真情的话语浸透着对生活的挚爱!且看推介词:

一样是明月,一样是隔山灯火,满天的星,梦似的挂起。生命并不是你活了多少日子,而是你记住了多少日子。你要使你过的每一天,都值得记忆。一个人,一段文,一场美好的相遇,听得到心动,闻得到灵魂香气,如同把花瓣散落在发间。遇见,总是生命中最美好的事;你遇见了他,他遇见了你;遇见无声的文字,遇见有声的倾诉,遇见一花一叶,遇见大千世界;还有,在"朗读吧",遇见你们!

陆老师还给大家列出了朗读流程。

1. 大家好,我是朗读者×××,是××学校×年级×班的学生/×××的家长。

2. 今天我朗读的题目是×××(作者名字)的《××××》,谨以此篇献给×××(表达对象)。接着简单介绍为什么读这段文字以及背后的故事。

活动延伸篇　　活动拓展延伸，发展阅读兴趣

　　3. 注意事项：（1）朗读者主推——家长＋孩子（家长或孩子也可单独朗读）。（2）朗读内容积极、健康、向上，符合社会主义核心价值观。（3）事先录制好5分钟内的音频，mp3格式，发至邮箱×××，附一张朗读者的生活照片。

　　杭州市新华实验小学一年级五班的孔裔卓和妈妈合诵了一首汪国真的《感谢》：

　　　　让我怎样感谢你
　　　　当我走向你的时候
　　　　我原想收获一缕春风
　　　　你却给了我整个春天
　　　　……

　　有一次，我打开陆老师的"朗读吧"，竟然发现了我校三年级十一班的刘德宇朗诵的《春天是什么颜色》：

　　　　春天是什么颜色？
　　　　柳树说，春天是绿色的。
　　　　"碧玉妆成一树高，
　　　　万条垂下绿丝绦。"
　　　　……

　　《朗读者》、"朗读空间"、"朗读吧"……还会有许多热爱朗读的人组织许多有关朗读的活动。朗读就是由这个世界走向另一个世界的桥梁，让动听的语言流动起来，生成惊喜，让朗读如夏花一样灿烂，让更多的人尽情展示自己。

读写融合篇

读写融合提升，升华阅读兴趣

阅读与写作是一对孪生兄弟。做好读写融合，首先应格外关注阅读的积累与内化。如开辟"朗读者"栏目，使每个学生在这里都能找到自信，用声音唤醒情感，传播美好，靠近心灵，感动自己，以激发阅读兴趣。其次要使学生养成不动笔墨不读书的好习惯。最关键的是，语言积累、文本拓展、片段仿写、书本评写、故事续写、课内外阅读等要融会贯通，架好这座由读到写的桥梁，使学生多阅读、善观察、勤练笔，并能在作文评改上有所突破，达到好读书、好写文，读好书、写好文的理想境界。

读写融合篇　读写融合提升，升华阅读兴趣

架起由读到写的桥梁

语文教学说到底就是培养擅长阅读、思考和表达的读书人，广泛的阅读就是为了把自己心里想要说的话正确表达出来，而表达有两种呈现形式，一种是口头表达，另一种是书面表达。口头表达体现在平时的交流中，书面表达则要落实到纸笔上。有了大量阅读的积累作为前提，写作也就水到渠成了。当然，在写的同时还要不断地阅读、积累、内化，达到以读促写、以写促读的目的。杜甫有诗云："读书破万卷，下笔如有神。"由此可见，阅读和写作密不可分。

小学语文教学的主要任务就是培养学生的语言文字运用能力，如何把文本的语言内化到学生自己的语言系统之中，这就需要我们为学生搭起一座由读到写的桥梁，把文本与学生、教师与学生、课内与课外、学习与运用连接在一起。

一、积累语言

郭沫若有诗云："胸藏万汇凭吞吐，笔有千钧任歙张。"《义务教育语文课程标准（2011年版）》（以下简称《课程标准》）也指出，语文教学应注重语言的感悟、积累和运用，从整体上提高学生的语文素养。那么该如何帮助学生呢？

首先是在朗读中积累语言。朗读是小学语文教学中最有效的教学方法，是培养学生语感的重要途径。朗读是通过声音使平面的文字"立"起来，使原本单调的文字更加饱满、活泼，以增强文章的立体感，让学生更直观地感受到情感。教学中应把读贯穿课堂教学的始终，让学生充分地读，读出滋味，读出情趣。叶圣陶先生把有感情地读称为"美读"，指出教师应指导学生有感情地朗读课文，真正做到"激昂处还他个激昂，委婉处还他个委婉"。因而，教师要注意引导学生在朗读中生情、动情，主动积累语言。朗读的形式有多种，如配乐读、领读、分角色读、表演读、自由读……总之，应引

导学生入情入境地读，融入优美的语言文字之中，产生身临其境之感，与作者产生共鸣。如在教学《北京的春节》一课时，为了让学生感受过年时的热闹气氛，除了让学生回忆过年时的欢乐场面，还可以给学生播放儿歌"小孩小孩你别馋，过了腊八就是年……"这样一下子就把学生学习的积极性调动起来了。通过各种形式的朗读，学生很快就会融入优美的语言文字之中，自然就能积累丰富的语言。

其次是在背诵中积累语言。小学阶段是一个人记忆发展的黄金时期。小学语文教材选编的课文大多短小精悍，文质兼美，教师可指导学生背诵精美片段，让学生不断充实自己的语言库，同时体会作者巧妙的写作方法，并将其运用于自己的写作中。《课程标准》中对学生背诵的优秀篇目有一定的数量要求，有助于学生语言的积累。

再次是在复述中积累语言。对于故事性很强、篇幅较长的文本，适合引领学生复述。复述的过程，就是让学生把书面语言通过理解内化为口头语言的过程，有助于培养学生的表达能力。如在教学《卖火柴的小女孩》一课时，可让学生按照小女孩五次点燃火柴的顺序，展开想象，加以复述，这样的训练能使生动感人的童话故事更加形象化，也为学生充分内化语言做好了铺垫，从而丰富了语言积累。

有了语言的积累，就有了架起由读到写桥梁的基石。

二、仿写片段

宋代朱熹曾说："古人作文作诗，多是模仿前人而作之。盖学之既久，自然纯熟。"对于刚刚接触语言文字训练的小学生来说，仿写是作文起步的第一个阶段。仿写可分为三种形式。

一是句式仿写。对于文章中有个性的语言，可让学生仿写。如《桂林山水》一文中描写漓江的静、清、绿的句子非常优美，可让学生在有感情地朗读并反复体悟之后进行仿写。

二是结构仿写。小学阶段的文本篇章结构比较多的是总—分或总—分—总。如《颐和园》就是很明显的总—分—总结构，可以让学生仿照此文的段落结构来写《美丽的公园》。

三是语言仿写。在教学中发现，有的学生写作时语言干巴，缺乏文采。学完《全神贯注》一课，可以让学生通过描写身边同学全神贯注读书的样子来锻炼语言描述的能力。此外，如老舍的《猫》、朱自清的《匆匆》、丰子恺的《白公鹅》等很多文章中的语言极富感染力，也都可作为仿写的范文。

有了扎实的仿写训练，由读到写也就更近了一步。

三、拓展文本

有了语言的积累，进行了一定的仿写训练，由读到写的桥梁已基本具备了框架。怎样使这座桥与众不同，这就需要培养学生的求异思维和创新精神。这主要可以从以下几个方面着手。

一是在文本的空白处展开想象。有些课文采用了艺术的留白，如童话故事《去年的树》，就是以平淡简约的叙事风格，给读者留下了无限的想象空间。教师可以让学生依托文本中的重点词句"天天给树唱歌"，想象"鸟儿会在什么时候、什么心情下给树唱歌"，补写故事；还可以让学生想象"鸟儿对灯火、灯火对鸟儿的独白"去补写；也可以让学生给树和鸟儿加一些表情、心情的提示语作为小练笔，创编童话等。

二是在文章的动情处进行延展。每个文本都有触动学生心灵的地方，如果能与他们自己的实际生活结合起来进行写作训练，学生一定会有感而发，更加有话可写。如读到《慈母情深》中的一句"我鼻子一酸，攥着钱跑了出去……"，教师就可以追问："'我'为什么鼻子一酸呢？你的母亲平时是怎样关心你的？"引导学生结合自己的真实经历去深思，以《妈妈，我想对您说》为题进行小练笔，学生真情流露，文字自然感人。经过这样长期的训练，学生怎么会不爱上写作文呢？

三是在文本的结尾处续写故事。有的故事耐人寻味，教师在教学中就可以引导学生创造性地续写。如《穷人》一课的结尾："'瞧，他们在这里啦！'桑娜拉开了帐子。"故事到这里看似已经结束，但好像还有很多话没说完，比如，他们以后的日子会怎样过呢？可以让学生打开思维，展开想象，续写故事。这样不仅能使文本内容更加丰富，也能有效地培养学生的思维能力和创新能力。

四、课外阅读

要想提高学生的语文素养,就必须在课外阅读上多下功夫。这主要可从以下几方面入手。

一是培养阅读兴趣。子曰:"知之者不如好之者,好之者不如乐之者。"教师要在班里营造良好的阅读氛围,如创建浓厚的班级书香文化环境,搜集有关阅读的名言警句,开展读书沙龙、图书漂流活动,每周组织学生去阅览室阅读等,使学生在浓浓的书香润泽中成长。通过阅读,学生不但会储备丰富的知识,写起文章来也会思如泉涌。

二是注重阅读方法指导。教师应教授学生学会先把书读"薄",再把书读"厚"的阅读方法。如拿到一本书,首先看书名和目录,快速浏览,大致了解书中写了什么,并想一想自己想从中得到什么;然后静下心来细读书中内容,边看边想,在读中领悟;最后欣赏品味精彩片段,领会写法。这样有助于达到"得法于课内,以课内促课外,成长于课外"的目的,使课内外的阅读与写作紧密融合。学生课外阅读涉猎越广,写作时的站位就越高,思想就会越深刻。

这样,教师引领学生通过积累语言、仿写片段、拓展文本、课外阅读等方法架起了从读到写的桥梁。教师需以语文课堂为主要阵地,以课外阅读为重要保障,多角度选择读写结合点,从而达到发展学生语言文字运用能力的目的。

读写融合篇　读写融合提升，升华阅读兴趣

不动笔墨不读书

　　徐特立先生极力推崇"不动笔墨不读书"，这很有道理。如果我们在读书时不断思考，将思考及时写下来，对作品就能有更深入的理解。写读书笔记是学生积累好词佳句的有效方法，但是长期机械式的摘录容易导致一些学生把读书笔记视为沉重的负担，敷衍了事，为完成任务不去甄别优劣，实行"拿来主义"。仔细分析这种状况，问题不在于读书笔记本身，而在于对读书笔记的狭隘定位，扼杀了学生的主动性。

　　要想让读书笔记发挥应有的作用，就要使读书笔记的内容变得开放、多元，比如，可以摘录，可写读后感，可写内容梗概，可写推介词等。举个例子，有的学生读《三国演义》，在读书笔记上罗列了书中所涉及的兵器及其使用者，这就是他站在自己独特的视角上才有的发现和收获。又如，高月亮同学在阅读了《雷锋日记》并观看了电影《雷锋》后，这样写道：

　　看了关于雷锋的书及电影以后，一个伟大的形象无时无刻不在我的脑海中闪现。作为一名少先队大队委员，如何起到模范带头作用呢？我也不止一次地想，假如遇上了火灾，我肯定会冲向火海；假如捡到一笔巨款，我一定会毫不犹豫地交公；假如……可是生活中不可能遇上这样诸多的假如。

　　看了关于雷锋的书及电影，我才恍然大悟：雷锋的伟大完全出于平凡，其为人民服务的思想也是在平时培养起来的。他艰苦朴素，助人为乐，一心为集体，心中唯独没有自己。当战友家有困难时，他悄悄地以战友的名义寄去钱，还把平时自己积攒起来的零花钱寄给灾区人民。他常说："人的生命是有限的，可是为人民服务是无限的。我要把有限的生命，投入到无限的为人民服务中去。"

　　这就是说，向雷锋学习不一定非要救人、救火、拾金不昧等，而要从平时的小事做起，使为人民服务的思想随处闪光。

我还注重对学生读书笔记的成果交流，如进行展览评比、专题交流等。因为一味地让学生写读书笔记，时间长了，学生容易感到厌烦，而成果交流则可以让学生产生成就感，并能转化为学生做读书笔记源源不断的动力。

在实践中，我还尝试为高年级的学生设计了一张表格式的阅读卡。学生在摘录文本中好词、好句、好段的同时，可以记录自己的阅读感悟，当然也可以提出问题。

无论是使用读书笔记还是阅读卡，都要注重将课堂上习得的圈点批注方法迁移到课外，运用到课外读物的阅读中，尽可能多地进行批注式阅读，用简明的符号和简洁的语言在文本四周的空白处做批注、提问题或写感想，以促进深度阅读。学生与文本之间极具个性的体验式对话，强调的是文本感悟，感悟越深刻，就越接近文本的主旨，就越能更快地提升学生阅读理解、赏析评价的能力。

在阅读过程中，首先要理解文本表达的意思，圈画出自己认为好的词语、句子，并在触动自己的地方做批注，然后把阅读收获整理到阅读卡上，这样对文本的阅读就比较完整，这也是一种有效的阅读方法。如一个学生在阅读《咸菜茨菇汤》时这样批注："不知道这汤究竟是什么味道，我真想尝一尝。作者真有意思，竟能把一道菜写得如此有情调。看来，生活中很多事情都可以写到作文中。"这样的批注尽管比较稚嫩，却折射出学生真实的阅读思考，彰显了个性化的阅读，展示出"夫缀文者情动而辞发"的境界。

在教学中，对应每一篇课文，我几乎都会补充一篇文章，作为阅读资料给学生读后做批注。我会针对学生的批注给予反馈，或抽查，或回答学生提出的问题，或对应其感受和观点谈自己的看法。这样不仅可以更全面地了解学生阅读理解的情况，更是对其阅读体验的肯定，能够激发学生的阅读兴趣和阅读动力。

圈点批注可以帮助学生养成深度阅读的习惯，养成和文本对话的习惯，养成自然表达阅读体验的习惯。这些习惯一旦养成，就会成为提升学生语文素养的重要途径，也会成为促进学生成长的重要因素。

我也可以写书评

很多人认同开卷有益,阅读时也会思考,但总懒得动笔。要想在阅读中得到提升,动笔写一写书评,不失为一个好办法。

书评,就是评论或介绍书籍的文章,是以书为对象,实事求是又有个人见地地分析书籍的形式和内容,探求创作的思想性、知识性、学术性和艺术性,从而在作者、读者与文本之间构建交流的渠道。写书评,最重要的是让没看过这本书的人明白这本书主要讲了什么,读了会有什么收获,了解作者想传授的知识和想表达的思想,从而产生阅读的意愿。换句话说,书评是把你比其他人理解更深刻的地方给人细看,让人通过读书评能了解这本书是不是自己想要看的。而有时候,阅读好的书评,甚至比看这本书的收获还要大。

《呼兰河传》是作家萧红的后期代表作。一篇书评中这样说:"《呼兰河传》讲述了作者童年的故事。作家以她娴熟的回忆技巧、抒情诗的散文风格、浑重而又轻盈的文笔,造就了她'回忆式'的巅峰之作。"茅盾曾这样评价《呼兰河传》的艺术成就:"它是一篇叙事诗,一片多彩的风土画,一串凄婉的歌谣。"看了这样的书评,你会急切地想看到这本书,了解萧红到底有一个什么样的童年。这就是书评的魅力所在。

好的书评会给人一种酣畅淋漓、豁然开朗的感觉。在读路遥所著的《平凡的世界》之前,我看到了这样的书评:"它的内容如它的名字一样,这是一个平凡的世界。几十年的时光,在路遥笔下铺展开来,没有一点的矫揉造作,没有一点为了作品而作品的嫌疑。它给我们展示了一幅普通而又内蕴丰富的生活图景。一个平凡人的奋斗历程,一个平凡家庭的奋斗过程,一个平凡人的成长过程,一个平凡家庭的成长过程。读了《平凡的世界》,我最大的收获就是认识到平凡人的平凡生活是最伟大的,也使我在努力奋斗的同时提醒自己保持一颗平常的心。人生就像这本书一样，不在于结局如何，而在于过程是否精彩；像主人公孙少平那样，对生活从来不低头，不断地探索和追求，这才让人叹服。"

读了书评，眼前浮现出很多场景，感觉平凡世界的不平凡，更能激发一个人的阅读欲望。那么，书评的范畴有哪些呢？凡是与作品、作家有关的都可以评。一般从以下几方面发表见解：对作品的思想和社会意义进行分析、评价；对作者的创作经历、人品学识进行总结、评述；按照自己的理解对读者的阅读进行指导；对作品本身的得失从多角度进行议论；对作品的知识性做评论；等等。文无定法，写书评既可侧重客观评价，也可抒发个人感受。

客观评价就是站在客观公正的角度，简单介绍该书的主要内容，评价书的优劣。评论在实事求是的基础上，也要有独创性。每个人对作品审视的角度不同，感悟也就不一样，但重要的是读透文本，提出自己的见解，与读者产生共鸣。

个人感受就是自己的主观感受。抒发个人感受要有一个明确的主旨，重点写自己的感悟：可以边叙边议，紧密联系生活实际，边叙说文本，边发表自己的见解；也可以先叙后议，先简单叙述原著的重点情节，后发表自己的见解。比如，我读了《一个人的朝圣》这本书，在书评中这样写道：

《一个人的朝圣》里，哈罗德默默工作几十年从未升职，既无朋友，也无敌人，平静无澜。退休以后，跟隔阂很深的妻子住在乡下。一天早晨，他收到来自二十年未见的老友奎妮的一封信，便踏上了一个人的朝圣之路。他坚定一个信念：只要他去，老友就会活下来。这也就是在说，一个人一路走来虽然很孤独，却充满了力量，想要变得不平凡，首先得有信念，一定要相信自己与众不同，要一步一个脚印，脚踏实地地向着目标进发。

我们写书评，无论偏重客观评价，还是偏重个人感受，都要先研读作品本身，才能切中主旨，继而悟出真知灼见。

回想自己小时候的生活，最有意思的是听评书了。当年中国评书表演艺术家刘兰芳的《岳飞传》掀起了全国评书热潮，从这个角

读写融合篇　读写融合提升，升华阅读兴趣

度讲，评书已经远远超出这部书本身的意义了。后来还有家喻户晓的《杨家将》。刘老师字正腔圆的吐字发音，精彩的口技效果，卓越的艺术表演才能，把中国古代精忠报国的英雄形象描画得活灵活现，让听者如身临其境，和评书中的人物一起喜，一起悲，享受之余，不由得拍案叫绝。后来，还有单田芳的《隋唐演义》、袁阔成的《三国演义》、田连元的《水浒传》，常常令听众听后激动不已。中国传统文化的精髓通过书本、评书、书评等多种形式广泛传播，滋养了一代又一代人。

其实，那些说评书的人，就是书评大家。因为他要先读完整部书，还要仔细琢磨每个人物的特点，再声情并茂地传达出来。所以让学生多读名著，多听评书，对于写书评大有裨益。

比如，安珂同学读了《三国演义》后，写下了这样的感悟：

我读《三国演义》用了三个星期，我佩服诸葛亮的才思敏捷、未卜先知；我赞赏张飞、关羽和赵云的勇猛如虎；我尊敬刘备为了江山社稷不惜牺牲生命而拼搏的精神。同时，我痛恨曹操的狼子野心。

《三国演义》中我最喜欢"空城计"了，诸葛亮以洞悉人心取胜。想一想，如果你和别人打仗，你见别人的地盘突然空无一人，你敢进去吗？而诸葛亮遇到强敌，沉着冷静，采用逆向思维，所以能以少胜多，以弱取胜。

其实，生活中也是这样，我们学习时遇到了难题，只要认真思考，努力钻研，就会发现这道题其实很简单，也许就是一个"空城计"呢。

写书评并不难，难的是锲而不舍，沉浸其中和文本对话，和作者交流。如果我们勤练笔，多思考，立意深刻，就能写出打动自己和他人的书评，从而升华理解，让阅读滋养心灵。好的书评会让人爱上阅读，而深层阅读也必然会令人爱上书评。所以，在广袤的书海里遨游时，来了兴致，就写写书评好了。

从阅读走向悦读
——如何提升学生的阅读兴趣与能力

把动画融入作文教学

以多媒体和网络技术为核心的信息技术，无时无刻不在冲击着学生的视听感官。学生家里有电视，兜里有手机，教室里有电子白板，这一切都在影响着学生的学习与生活，但同时也给学生阅读带来了无限的可能性。比如，阅读渠道的无限拓宽，不再仅仅是纸质的阅读，微信读书等多种电子类的阅读强势进入，也正悄然引发作文教学的深刻变革。凡事有利就有弊，作为教师，我们要尽可能地引导学生朝着有利的方向走。

根据低年级学生爱看动画的特点，我运用多媒体把动画融入作文教学，分阶段引导，使学生获得大量形象、生动、具体的素材，从而丰富了写作内容，降低了作文难度，使写作活动充满了情趣和乐趣。

在第一个阶段里，我选择了有形有声的动画，让学生看看写写。多数成语故事篇幅短小，内容生动，情节简单，通俗易懂，我就结合所学的课文，从网上下载了许多有意思的成语故事动画，如《狐假虎威》《守株待兔》《刻舟求剑》等。这些成语故事中有叙述，有对话，还有总结。在作文课上，我先给学生播放两三遍，在每遍播放前都有具体的要求。比如，第一遍，让学生了解故事内容；第二遍，让学生注意观察动物或人物的神态、动作及说话时的语气等。故事情节稍复杂些的就再播放一遍，然后让学生在合作小组内把故事讲一讲，再把自己看到的、想到的、听到的及时写下来，这样就能写得很生动、具体了。

第二个阶段是让学生看有形无声的动画，演演写写。在第一阶段练习的基础上，我又给学生播放无声动画，让学生根据画面中的情节，用自己的语言讲述故事，并鼓励学生表演。心理学研究表明，儿童的思维以形象思维为主，活泼好动是儿童的天性，全身都动起

读写融合篇 读写融合提升，升华阅读兴趣

来，能更好地调动大脑思维的积极性。儿童的语言表达能力、思维能力是在活动中得到发展的，因此，绘声绘色的故事表演能激发学生的积极性，学生在快乐的表演中既能取长补短，又丰富了语言，教室里洋溢着欢乐的气氛。最后学生一个个兴趣盎然地把故事写在了日记本上。

第三个阶段是让学生看有头无尾的动画，猜猜写写。这次我选择的是学生没看过的有趣的故事。大胆想象是创作思维的基础，也是写作文的一项重要技能，而设置悬念可以极大地调动学生的思维积极性，培养其无限的想象力。因此，在给学生播放动画的时候，我只让学生看故事的开头，让他们"大开脑洞"，展开想象，自己给故事添加结尾。比如，小白兔在采完蘑菇回家的途中遇到了大灰狼，最后小白兔是否被大灰狼吃了呢？我们一起看看可爱的学生是怎样想象的吧。

片段一：

小白兔：你是不是很饿？

大灰狼：是的。

小白兔：我也很饿，如果你让我吃饱了再吃我，不是可以吃到更多的肉吗？

大灰狼想了想说：好吧。

（于是小白兔大口大口地吃起了蘑菇，吃着吃着，突然躺在地上打起滚来，"哎哟""哎哟"直叫唤）

大灰狼：你怎么啦？

小白兔：我吃了毒蘑菇，肚子疼死了！

大灰狼听了，只好悻悻地走了，小白兔一溜烟地逃跑了。

片段二：

小白兔：遇到你，我是不是逃不掉了？

大灰狼：没错！

小白兔：我这么小，你能吃饱吗？

大灰狼：那又怎么样？

小白兔：山那边有一窝小白兔，不如我领你去，让你吃个饱。

（小白兔领着大灰狼在山上转悠，来到了两座山之间的悬崖边）

大灰狼：怎么过去？你在骗我吧？

小白兔：别着急，我能架桥。

（小白兔拿出手电筒，一道光柱架在两座山之间）

小白兔：你先过去吧。我过去桥就拆了。

（大灰狼就沿着光柱走过去，结果一下子摔进了山涧里）

……

这样的练习，很受学生的欢迎，他们的思维相当活跃，创作的故事时常会令人惊喜。

我们还可以尝试只给学生播放动画的开头和结尾，让学生想象故事的情节，然后写一写。可能在故事的结尾中出现的动物，在故事的开头没有出现，让学生通过合理的想象使它们联系起来；也可能故事结尾出乎意料，让学生想象合理的情节。比如，学生写的《第二次龟兔赛跑》的片段：

兔子输给了乌龟之后，心里很不服气，要和乌龟再比一次。

结果，第二次比赛兔子又输了。这是怎么回事呢？

原来这次下山时，乌龟朝下滑，像滑滑梯一样快。所以，乌龟又赢了。

无论是什么样的设计，都要基于激发学生的学习兴趣，所以，教师要站在学生的角度去思考。比如，学生都喜欢画画，在看完动画创编故事的时候，让他们把自己设计的情节先画下来，再给大家讲一讲，之后写下来。这个绘画的环节很有趣，只不过需要花费一定的时间，需要教师把控好节奏。

在这些过程中，我会引导学生尽量把情节说得具体些、写得生动些。此外，我设置了"故事大王"奖项，这极大地调动了学生说故事、写故事的积极性。就这样，以动画为切入点，将写作的内容形象生动、具体真实地展现在了学生面前，使学生边看边想、边说边写，自然而然地进入了写作状态，促进了学生语言表达能力和自由想象能力的提升，为写作增添了无限乐趣。

读写融合篇　读写融合提升，升华阅读兴趣

以文为例，创写书信

我聆听了支俊花老师的课《一个中国孩子的呼声》。支老师语言精练，感情细腻，教态自然，热情洋溢，与学生畅快交流，既是和蔼的师长，又是可爱的朋友。支老师的阳光、真诚、执着感染了每一个学生，也感动了在场听课的每一位教师。

这节课的教学环节设计得十分巧妙，支老师驾驭课堂的能力极强，课堂教学有层次、有内涵、有坡度、有深度。学生把自己的情感真正融入整个课堂的学习中，在理解文本的同时，从国际视角表达了自己的真挚情感，对战争重创下的儿童与城市的痛苦满怀同情，在心里种下了一颗呼唤世界和平、珍惜美好生活、胸怀大爱的种子。这节课从回顾书信格式到对照课文格式，从重点研读课文内容到拓展阅读课外资料，最后落到让学生以书信格式表达对战争的看法，既复习了书信格式，又唤醒了学生的内心情感，提高了学生的写作水平，以读促悟，读中悟情，以悟促思，思中发感，从形式到内容，从情感激发到升华思想认识，引导学生自然流露内心情感。一个个环节紧密相扣，逐步推进，充满着智慧，每一个细节都值得咀嚼品味，具体体现在以下几点。

一是直接点题，学习新课。

支老师首先引领学生回忆书信格式，特别强调了称呼、问候语、正文、祝福语、署名、日期都不能省略，且须按照一定的顺序写。这一环节的教学片段如下：

师：孩子们，今天这节课我们继续学习《一个中国孩子的呼声》。

（教师板书课题，学生齐读课题）

师：这篇课文特点鲜明，而且和我们以前学过的文章都不一样，是一封信。对于写信，同学们并不陌生，读课外书的时候我们也常常见到这类文章。回忆一下，书信一般都有哪些内容呢？

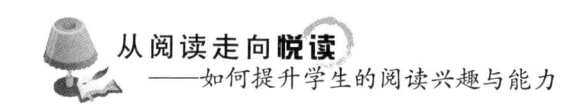

(课件出示：称呼、问候语、正文、祝福语、署名、日期)

师：一般书信都有这六部分内容，且按照一定的先后顺序来写。

师：一封信首先写什么？

生：先写称呼。

师：再写什么？

生：再写问候语。

师：接着写什么？

生：接着写正文。

师：正文写完以后写什么？

生：写祝福语。

师：最后写什么？

生：最后写署名和日期。

(课件出示：1. 称呼；2. 问候语；3. 正文；4. 祝福语；5. 署名；6. 日期)

师：课文是不是这样写的呢？请大家打开课本，我们一起来读读看。

学生尊重的态度、真挚的声音，皆是发自内心的。置身于这样的课堂氛围中，学生的思想怎会游离于课堂之外呢？作为听课老师的我，也感觉眼前一亮，精神格外振奋。

二是快速浏览正文，理清思路。

支老师提出问题："正文一共有几个自然段？"有一个学生回答："这篇课文共有7个自然段。"支老师立刻提醒道："是'这篇课文'呢，还是'正文'呢？"大家齐答："正文。"这个学生马上重新说了一遍："这篇课文的正文一共有7个自然段。"支老师认真倾听学生发言并及时指导，其严谨治学的态度令人赞叹。如果教师在每一次教学过程中都有如此细腻的捕捉、精准的指导和认真的要求，学生定会日日进步。

三是初读正文，加深内容理解。

支老师让7个学生分别读正文的7个自然段，学生读每一字每一句时都全身心投入，以饱满的情感展示了自己对文本的深刻理解

读写融合篇　　读写融合提升，升华阅读兴趣

与感悟。读完后，支老师评价："从朗读中可以感受到，大家与作者的心是相通的。"然后师生又一起读最后一个自然段，共同感受文本所表达的情感，至此通过朗读进一步升华语感。

朗读是理解文本的有力保障，每一个学生朗读时都展现了极强的语感。语感对于语文的理解非常重要。语文教师必须重视对学生语感的培养。如果不注重培养学生的语感，要想使学生对文本有深刻的理解，恐怕不大可能。于永正老师说过，作为一名语文教师，一定要重视语感，这语感不仅指朗读课文时要有敏感性，更重要的是口头表达时语言要流畅，能够准确表达，而非词不达意。那么，如何训练学生的语感呢？可以在课堂上培养学生对语言文字的感悟能力，使学生能将自己的感受通过口头语言表达出来，或通过写作表达出来，这样才能使学生成为一个真正有语感的人。

四是创编儿歌，强化记忆书信格式。

支老师创编了一首通俗易懂又朗朗上口的儿歌，帮助学生记忆书信格式。

称呼顶格加冒号，换行空格问个好。
正文每段空两格，有主有次不乱套。
事情写完送祝语，健康快乐少不了。
先署名，后日期，分行写在右下角。

儿歌的创编凝结了支老师的智慧。在这一教学环节，支老师让学生先自读记忆，接着检查背诵，再快速记忆，并对照课本上的书信格式强化记忆儿歌。最后，支老师总结课文内容——战争给人们带来的总是不幸与灾难。

五是阅读资料，拓展延伸。

支老师让学生先自读提前准备的《战争让儿童成为了炮灰》《第二次世界大战的惨烈后果》等资料；然后总结课外资料的内容，引导学生谈读后感悟，并让学生浏览一组在战争中受到伤害的儿童与惨不忍睹的城市的图片，使学生对战争给人们带来的巨大灾难有更充分的了解、更深刻的印象，也为接下来的表达心声做了铺垫。这一环节的教学片段如下：

师:"维护和平,制止战争",这不仅是一个中国孩子的呼声,也是全世界孩子的呼声和心愿,更是所有爱好和平的人的共同心愿。因为,战争带来的总是不幸和灾难。

师:请大家认真读读课前搜集的资料。

(课件出示"资料链接",指名读)

生(读):数千年来,人类有记载的战争达1.5万余次,直接或间接地杀戮了35亿人。仅在近100年间,全世界因战争而造成的经济损失就超过5万亿美元。战争不仅使无辜平民的生命与财产蒙受了巨大的损失,还造成了严重的环境污染。在第一次世界大战中,有30多个国家、15亿人口被牵扯到战争中,战争历时4年之久,对人类造成了巨大的物质损失和精神损害。在第二次世界大战中,全球有60%的国家参战,死亡人数共计6000多万人。

生(读):战争给人类带来的灾难是深重的,特别是那些无辜的孩子。很多孩子因为战争失去了家园,成了难民。由于食物短缺,孩子们大多营养不良。使用违禁武器所产生的辐射,使许多战争后出生的儿童得了白血病或其他怪病。

生(读):在过去的10年里,200多万儿童在战争中被杀死,另有600万儿童受伤,100万儿童成为孤儿。87个国家的儿童生活在6000万枚地雷的阴影中,每年陆续有1万名儿童成为地雷的受害者。

师:读了这一串串触目惊心的数字,此时此刻你有什么感受?

生:战争的破坏力太大了!死了那么多人,太可怕了!

生:战争给人类造成了巨大的伤害!我讨厌战争,更讨厌发起战争的人!

生:因为战争,很多人失去了家园,成了难民,太可怜了!

生:战争的爆发使孩子们失去了亲人,没有吃的,大多都营养不良,好多孩子都得了白血病或其他怪病,他们真可怜!

生:我无比厌恶战争,它给人类带来的伤害极其严重。

师:同学们,现在的我们拥有幸福的家庭、快乐的伙伴,还有美丽的校园,多么美好!而幸福美好的生活,并不属于世界上的每一个孩子。

读写融合篇　读写融合提升，升华阅读兴趣

师（播放一组战争中的人们生活的凄惨画面）：请大家看，一张张凄苦的脸，一双双充满绝望的眼睛，这些都是生活在战争中的人们。看了这些凄惨的画面，此时此刻你又有什么感受？各小组敞开心扉说说吧。

（学生分组交流讨论）

生：这是我在网上查到的资料——在1979年至1989年的阿富汗战争中，有140万人死亡，约500万人成为难民。

师：这是多么触目惊心的数字啊！我看到有的同学搜集到了图片资料，请给大家展示一下。

生（出示图片）：这张图上是一个可怜的孤儿，战争夺去了他父母的生命。他失去了亲人，没有任何人能保护他。他哭泣着，似乎在诉说那一段段触目惊心的往事，似乎在说：战争是残酷的，我不希望看到战争，我不希望再有任何一个小孩像我一样失去亲人、失去父母！

师（鼓掌）：说得真精彩，也道出了我们共同的心声！

支老师重视让学生在课前搜集资料，并在课堂上适时展示，这既能进一步深化学生对课文主旨的理解，又能让学生的知识和能力得到迁移，从而拓宽学生的思维，激发学生的学习热情。

六是创写书信，表达心声。

支老师在引导学生进一步理解文本、体会表达的思想感情的基础上，引领学生放眼世界，关注国际局势，树立热爱和平、维护和平的信念，创设情境，抓住契机，让学生给饱受战争苦难的小朋友写一封信。这一环节的教学片段如下：

师：孩子们，从你们的眼神里，老师读到你们对战争的痛恨；从你们的神态里，老师看出你们特别同情那些可怜的孩子。请拿出你的笔，给那些饱受战争苦难的小朋友写一封信，写出你最想说的心里话。要注意信的格式。

（学生开始写信，课堂上极为安静肃然，教师给了学生七八分钟时间，真正把写落到了实处）

师：谁想给大家展示？（指名读）其他同学仔细听，注意哪儿写

得好，值得学习。

（一学生读自己写的信）

饱受战争苦难的小朋友们：

你们好！

我是一个中国男孩，今年11岁。对你们正饱受战争的苦难，我深表同情。

战争是罪恶的，也是无情的，它让你们失去了亲人、朋友，饱尝无家可归的痛苦；它给你们带来了饥饿和疾病，使你们挣扎在死亡的边缘；它摧毁了你们美丽的家园和校园，让你们失去了往日的欢笑和梦想……

中国的儿童是幸福的。我们可以坐在宽敞的教室里大声读书，可以在碧绿的草地上自由玩耍，可以在父母的怀里撒娇嬉戏，可以一日三餐享用美味佳肴……这一切，都是和平带来的。

你们要坚强，不要被眼前的炮火、饥饿和病魔所吓倒；你们要勇敢，站起来保卫自己的国家；你们要坚信，总有一天你们会赶走侵略者，重建和平美好的家园，你们会重返课堂，在知识的海洋里遨游。

今天，我能做的就是写一封信来安慰、鼓励你们，写一封信向全世界呼吁：要和平，不要战争！我相信，只要全世界的人都行动起来，都有这样一种呼声，世界一定会充满爱！最后，祝你们早日取得胜利！早日恢复和平！

一个永远支持和平的小学生
2017年11月23日

师：谁说说他哪儿写得好，值得你学习？

生：他用了对比的写法，更突出了战争中的小朋友特别痛苦无助，值得我学习。

生："你们要坚强，不要被眼前的炮火、饥饿和病魔所吓倒；你们要勇敢，站起来保卫自己的国家；你们要坚信，总有一天你们会赶走侵略者……"这样的排比句把感情表达得淋漓尽致，值得我学习。

读写融合篇　读写融合提升，升华阅读兴趣

学生纷纷表达自己的心声，令人感受到一个个中国孩子内心的呼喊，那是对给人们带来痛苦的无情战争的斥责！学生高声呼唤着和平与安宁，地球是人类共有的家园，每一个生命都应该受到尊重。支老师的教学不仅提高了学生的语言文字运用能力，而且构建了能给学生铺上语言和精神底色的语文课堂。

实用又好学的习作指导方法

我有幸聆听了五年级四班肖晓燕老师的课"学写竞选稿"。肖老师在作文教学方面很有研究，她的课举重若轻，大气磅礴，主要体现在以下几个方面。

一、听记训练，引出主题

肖老师围绕单元主题"语言的艺术"来设计本课教学，让学生通过回忆学过的《杨氏之子》一文中杨氏之子与客人的聪慧对话，《晏子使楚》一文中晏子维护尊严的机智反驳，《半截蜡烛》一文中伯诺德夫人和孩子为保住国家机密和德军的智慧周旋，体会语言的无穷魅力，引出"选举"话题，并和学生讨论："如果你参加班干部的竞选，怎么用语言和别人交流，从而得到支持呢?"这一问题自然引出了本课主题"学写竞选稿"，同时点明习作要求："下周我们班要竞选班干部，你打算竞选什么职位？是班长，劳动委员，还是学习委员？……请积极参加竞选，事先写好竞选稿。"

二、写竞选稿，明确目标

肖老师指出，想竞选成功，就要先写好竞选稿，写竞选稿需要注意三方面。一是内容。须讲清楚为什么要竞选这个岗位（略写）；自己竞选这个岗位的优势有哪些（详写）；如果竞选成功，怎样为同学服务（详写）；也可说说如果竞选失败，会怎么做（略写）；还可以为自己拉票（略写）。二是格式。称呼要合适，要有问候语和致谢语。三是语言。注意语言要幽默、诚恳、富有个性等。

三、依托例文，指导写法

肖老师重点指导"内容"，理层次，列提纲，分详略，通过有针对性的例文，引领学生比较、思考、交流，从而使学生明白应该怎么写竞选稿。

第一,简略写:为什么要竞选这个岗位?

肖老师出示了3个学生在竞选稿中所写的"为什么要竞选这个岗位"的例文片段,让学生阅读、思考并交流。

第一个例文片段中,学生竞选的是劳动委员,但是开头有些啰唆,而且放大了自己不敢竞争的心理活动描写,显然不能令人信服。

第二个例文片段中,学生竞选的是语文学习委员,直奔主题,表达较为准确,语言也简洁,立刻给人以干练的好感。此外,学生还引用了名言"不想当将军的士兵不是好士兵",结合自己"作为一名小学生,也想成为一名优秀的班干部"写出了其积极的追求、向上的愿望,并点出目的——"为了锻炼自己,提高自己的综合素质,全面发展自己"。这虽然是较好的理由,但只关注了自己的成长,欠缺为大家服务的思想,而且没有展示自己的优势。

第三个例文片段中,学生竞选的也是语文学习委员,只用了简短的几句话,就把意思说得明明白白,表达特别准确,他是这样写的:"大家好!今天我怀着一颗想当语文学习委员的心,踏上了这个只属于自信的人的竞争舞台。是花就要开放,是树就要成为栋梁。而我的语文成绩优秀,有当好语文学习委员的优势。既然有这种能力,我就要竞选语文学习委员这一职务,为大家服务。"

就这样,通过比较几个不同的例文片段,学生体会到了怎么写才算做到了表达准确、语言简洁。

第二,详细写:自己竞选这个岗位的优势有哪些?

首先,举例指导:假如要竞选文艺委员,那么就可以讲自己从小在文艺方面有天分,以及后天的努力,如坚持学习钢琴、舞蹈,平时喜欢参加文艺表演等。但是如果说自己平时喜欢做家务,不怕吃苦,这就不是优势了,因为与文艺委员的岗位要求不吻合。

接着,抛出话题:假如小明想竞选体育委员,你认为他应写自己有哪些优势呢?先让学生思考、讨论、交流、汇报。再给学生提供竞选体育委员写自己优势的例文,让大家讨论。

再抛出话题:假如你想竞选语文学习委员,需要拥有哪些优势呢?让学生思考、交流并汇报,如语文写作水平高,有管理能力,

能帮助同学学好语文等。

最后，提供竞选语文学习委员写自己优势的例文，让大家讨论。

第三，详细写：如果竞选成功，怎样为同学服务？

提供一名学生写竞选班长"为大家服务"的例文，学生纷纷评价：层次清晰，运用了连接词"首先""其次""然后""最后"；有经验，让别人相信自己；等等。

第四，简略写：如果竞选失败，会怎么做？

先让学生自己谈一谈，再出示例子，看别人是怎么写的。

四、回顾总结，布置习作

写竞选稿的口诀：开门见山岗位亮，语言真诚原因讲。岗位优势相吻合，理由充足令人服。畅想当选表决心，管理方法切实可行。若是失败要坦然，幽默风趣拉选票。恰当称呼有礼貌，最后致谢莫忘掉。运用写法动笔练，企盼写作如我愿。

下节课的习作要求：下周我们班要竞选班干部，你打算竞选什么职位？是班长，劳动委员，还是学习委员？……请积极参加竞选，事先写好竞选稿。竞选稿要讲清楚为什么竞选这个岗位，自己有哪些优势；如果竞选成功，怎样为同学们服务。竞选稿的内容要具体，情感要真挚，语句要通顺。

这是一节具体指导学生如何写作文的实用又好学的课，从提出主题"学写竞选稿"到想去参加要写竞选稿；从概括指出写竞选稿须注意的内容、格式和语言到重点指导如何写好竞选稿，如为何竞选这个岗位，自己有什么优势，竞选成功如何服务，竞选不成功怎么做等，有提纲、有例子、有交流、有感悟，能很好地引领学生进行写作。教学设计条理清晰，层次分明，逐步推进。这节课有以下几点值得学习。

一是主题新颖。所选的"学写竞选稿"主题新颖，契合五年级学生的学习、生活及年龄特点，有一定的难度和挑战性，让学生在学习习作方法的同时，激发了积极为班级服务的动力。学语文的目的就是运用，运用表现为交流表达，交流表达包括说话和习作。语文课上的阅读教学，最后都要落实到写作文上。作文的很多素材来

读写融合篇　　读写融合提升，升华阅读兴趣

自学生的具体生活，有切身感受，就有东西可写。选材非常重要，肖老师的选题很"接地气"，这对于写好作文来说已经成功了一半。一直以来，很多小学生苦于没材料可写，其实，学生的生活、学习及活动丰富多彩，关键在于他们能否用心去发现与思考。生活是大课堂，学习是大平台，社会是硕大的素材库，教师要帮助学生从生活、学习、活动中寻找到主题，确定好素材。

我校的首任校长刘延义曾谈到小学生作文的话题：学生觉得作文没啥写的，不仅是因为生活范围窄，更是因为思维不活跃。《聊斋志异》和《西游记》的作者都没有在类似小说的生活环境中直接生活，都是靠想象丰富得到的素材。当然，想象也得有生活基础，但有生活未必就有想象。这番话颇有道理。之所以写作素材少，并不是因为学生的生活经验不丰富或活动少，而是因为学生不善于发现素材，或者说即使发现了素材，也不知道怎么提炼。当然，思维也很重要，思维是靠平时多读多写训练出来的，就像肖老师这样，在学生阅读的基础上，在课堂上以专题的形式帮助学生打开思路，让学生表达对事物的准确看法，学生的思维就会越来越敏锐，灵感也就会来得越快越多。

二是指导写法。教师不能只给出一个主题就开始让学生自己写。对素材进行提炼不是每个学生都具备的能力，这就需要教师具体去指导，步步落实。当然还要注意指导后，避免学生的作文千篇一律。

肖老师针对"学写竞选稿"这个主题，清晰展示了"面对题材该怎样写"的指导思路。先引领学生列出一个包括详略在内的提纲，然后让学生针对每条提纲该怎样去写进行讨论，启发每一个学生都主动去思考怎么写、听同学谈怎么写，从而激发自身的灵感，当学生对这个主题逐渐明晰之后，再结合有针对性的例文，让学生讨论写得好的同学是怎么写的，之后回到自己的选题提纲上做进一步补充，使其更加丰满。

面对任何一个主题，都可以像肖老师这样指导写作。

从阅读走向悦读
——如何提升学生的阅读兴趣与能力

围绕一个中心多角度写具体

石瑞娟老师的《威尼斯的小艇》一课，主题是"围绕一个中心多角度写具体"。在这节课上，沉稳干练的石老师引领学生深入文本、探讨写法，使学生悟出方法、习得方法并运用方法，具体体现在以下几个方面。

一、研读文本，悟出方法

这个教学环节的重点是通过研读文本感悟"围绕一个中心多角度写具体"。

首先，学生自读课文的前4个自然段，重点放在研读第4自然段上。相关教学片段如下——

师：请同学们思考，这一部分内容是围绕哪句话来写的？

生：船夫的驾驶技术特别好。

师：我们重点研读这一部分。请大家边默读边批画：从哪里可以看出船夫的驾驶技术特别好？

（学生默读、批画，并与同桌讨论）

生：从"拥挤""总能左拐右拐""极窄""总能平稳""非常快""急转弯"这些词句中可以看出。

石老师引领学生通过读感悟"船夫的驾驶技术特别好"来想象画面。第4自然段是重点，课后有背诵要求，石老师针对这一自然段设计了填空练习，请学生先阅读原文后填空，使学生逐步达到能够背诵的程度。引导学生在深入研读文本的基础上悟得方法，思考并总结出"针对不同情况进行具体描写表现一个中心意思"。石老师小结并板书"写一段话要围绕一个中心表现"，更深入地引领第4自然段的学习，让学生通过各种形式的朗读感悟文本表达的意思。再次强调写作文要"围绕一个中心多角度写具体"，使学生学习课文时有目标，有方向。

读写融合篇　读写融合提升，升华阅读兴趣

接着，引领学生研读第 5 自然段。石老师给出自学提示：默读并思考都有谁坐了小艇，他（她）要干什么。让学生边读边批画，并完成填空：商人去沿河做生意，青年妇女高声谈笑，孩子去呼吸新鲜的空气，老人带家人去教堂做祷告。总结"围绕一个中心——坐小艇进行的不同活动"。

然后，研读第 6 自然段。先让学生齐读并理解这一自然段的主要意思，再与第 5 自然段进行比较，知道这是对威尼斯的小艇在"不同时间"上的描写，并体会到这里是将小艇的动态和威尼斯的静态相结合。最后石老师总结：写作文要围绕一个中心，通过不同情况、不同活动、不同时间等写具体。

通过对文本的研读，学生逐步悟出"如何围绕一个中心多角度写具体"。这样，就不再是对文本内容的单一学习，学生不仅了解了不同地域的民族风情，还揣摩了作者是怎样写出景物、风情的特点的，既感受到了异域风情，积累了优美语言，又习得了"围绕一个中心多角度写具体"的表达方法，提升了语言文字运用能力，真正把读和写结合了起来。石老师在这里起到了很好的桥梁作用。

如果把文本的优美语言比作一颗颗美丽的珍珠，那么表达优美语言的方法就是那条穿起珍珠的链子，而作者就是把珍珠穿在链子上的那个人，教师的任务就是诠释作者是如何把珍珠穿在链子上的，也就是说怎样把读与写结合在一起的。这种"从文本中习得方法"的指导正是学生所需要的，也是深入研读文本的精髓。长此以往，学生从每篇课文里都能扎扎实实地习得写作方法，学有所悟，学有所获，且真正落实到练笔上，写作能力自然而然就提高了。

学习语文不能追求面面俱到，要讲究一课一得。通过课文习得写作方法，正是学习语文的目的。

二、拓展文本，感受写法

在深入研读课文与总结写作方法的基础上，石老师出示了《索溪峪的"野"》一文的片段，通过引导让学生在读中感悟到对于现实生活，如何围绕一个中心通过不同的表达方式写具体。相关教学片段如下：

师：请同学们默读这段话："在这样的山水间行走，我们也渐渐变得'野'了起来……"文章围绕中心词"野"是怎样具体写的？

生（读）：城里戴眼镜的姑娘，一边攀缘，一边大嚼着煮熟的玉米棒。

生（读）：年过花甲的老人，在石块间蹦来跳去。

生（读）：一队人手提皮鞋、丝袜，踩着乱石，从平膝的水中蹚过去……

……

师：人们一到山间，完全颠覆了常态，忘我嬉戏，返璞归真。

这便让学生明白了，对于自己的生活，是很容易围绕中心词生动、有趣、丰富地表达的。

三、练笔实践，运用方法

在习得写法、感悟写法后，自然而然就进入了实际操作练笔的阶段。

石老师先出示了一组图片，这是大家熟悉的濮阳中心广场的白天与夜晚的美丽场景及热闹场面，有鸽子房、喷泉、霓虹灯、欢快秧歌、晨起健美操等，给人以亲切的即视感。石老师随即提出问题：这是一些怎样的场景？让学生充分交流，唤起学生对美好场景的回忆，使他们认识到，这是供人们休闲娱乐的、伴随自己成长的、充满欢乐的美好的地方。石老师抓住时机提出小练笔要求：请以"濮阳中心广场真热闹"为中心句，尝试运用今天学到的方法写一个片段。学生先在小组内针对选择的几个场景进行交流，而后推选代表汇报，其他成员补充。然后练写5分钟，朗读所写的片段，师生共同评价。最后，石老师对这节课进行总结。

这样的教学水到渠成，使学生面对所研读的文本，能主动思考"如何围绕一个中心多角度写具体"，及课文是怎么写的，为何这样写，并结合自己的生活经历去琢磨：要是我写的话，该怎么写？

这是一节读写结合课，石老师以课文为例子进行写法指导，并让学生当堂练笔，把对课文的研读与日常的写作紧密结合起来，准确抓住了"读写结合"这个点，引领学生充分探讨，深入研究，并

读写融合篇　读写融合提升，升华阅读兴趣

落实到了写作中，这就抓住了语文教学的根本。

　　作为语文教师，我们永远要牢记语文教学的宗旨，就是通过感悟文本、积累语言最终达到更好地运用语言文字的目的。语言的运用主要表现在两方面：一是口头语言的表达，二是书面语言的表达。二者要经过不断地实践才能融会贯通，只要坚持下去，就能够取得良好的效果。

作文也可以这样玩起来

在小学语文教学中,作文训练既是难点,又是重点。有的学生甚至对写作文产生了厌恶的心理,这就需要教师在激趣引领方面多下些功夫。如果我们把引导学生练写的内容搞得活泼些、有趣些,让学生在娱乐中练写,定能达到良好的效果。我在教学实践中常给学生设计有意思的游戏活动,抓住他们争胜好强、善于表现的特点,激发他们的兴趣,激活他们的思维,使他们有话可说,有事可写,在游戏的过程中锻炼了语言表达能力,写好了作文。我主要从以下几方面着手。

第一,看谁观察得最细致。

要想使作文写得丰富生动,就要引导学生养成学会观察周围事物的习惯,在细节上多留心。比如,教师有意创设一个情境:请一位陌生的老师或学生来教室,和自己交流有关事情,这时候就让学生仔细观察来人的外貌、衣着、神态、动作及说话的内容、语气等。再如,让学生观察一个毛绒玩具;或把盆景放在讲台上,让学生观察5分钟,再说出观察到的情况等。就这样,给情境,给时间,给任务,给目标,给要求,让学生的精神聚集起来,比一比谁观察得最细致,充分调动了学生的各个感官,效果自然会好。当然,对高年级学生可以提出更高的要求。

第二,看谁想象得最具体合理。

写作文是离不开想象的,尤其是对小学生来说。教师要经常设置一些能够打开学生思维空间的场景,使学生大胆想象,而这项训练也可以以比赛的形式进行。比如,出示一幅对学生的视觉极具冲击力的图画:有一位老人紧锁双眉,坐在田间,呆呆地看着那龟裂的田野。让学生观察后说一说老人的内心活动,比一比谁说得最具体、最合理。也可以反过来进行,通过人物的内心活

读写融合篇　　读写融合提升，升华阅读兴趣

动想象人物的神态、行为。比如，可以创设这样一个情境：一个学生期末检测成绩不太好，他懊悔平时不该贪玩。让学生说说他当时的神情、动作、心理活动，比一比谁想象得更具体形象、合情合理。

第三，看谁形容得最形象确切。

要把客观事物描绘得具体形象，往往需要借助一些形容词来增强语言的感染力，这种训练也可以通过游戏的形式进行。下面是一位教师请学生以游戏"开火车"的形式来形容头发的教学片段：

师：我们来做一个游戏，老师说一个词"头发"，请同学们"开火车"接形容头发的词语或短句，怎么样？

生：乌黑的头发。

生：花白的头发。

生：金黄的头发真漂亮。

师：挺好！刚才我们是用颜色来形容的。大家想一想，形容头发的状态用什么词好呢？

生：他的头发乱蓬蓬的。

生：他的头发梳得油光发亮。

……

学生的兴趣一下子被激发起来，气氛热烈。看似一个小游戏，其实是把写作训练细心地分解成了一个个点。这需要教师有计划、有步骤、有层次、有目标地设计，使每一个活动都真正有效。

第四，看谁的比方打得最好。

运用打比方的方法可以将人们不了解的事物变得生动逼真、通俗易懂。要训练学生的这种表达能力，可以开展"看谁的比方打得好"的游戏。下面来看一个教学片段：

师：幸福的姑娘的眼睛——

生：幸福的姑娘的眼睛像宝石。

生：幸福的姑娘的眼睛像黑色的葡萄。

……

师：生气的人的眼睛——

生：生气的人的眼睛瞪得圆鼓鼓的，像金鱼眼一般凸了出来。

……

最后由大家评一评，哪些不是打比方，哪些比方打得好。

第五，看谁的联想最奇妙。

恰当运用联想，可以使作文的内容更充实，表达的感情更深刻。要训练学生学会联想，可以引导学生开展"谁的联想最奇妙"的游戏。下面来看一个教学片段：

师：看到地上的草绿了，你联想到了什么？

生：看到地上的草绿了，我想起美好的春天已经到来。

生：我不由得想起"野火烧不尽，春风吹又生"的诗句，野草的生命力是多么顽强啊！

……

最后大家一起评议，看谁的联想最奇妙。

第六，看谁连接得最好。

连句成段是写作的起步训练，该训练也可以采取生动活泼的形式进行。比如，教师以一个句子开头，让学生"开火车"续接，要求做到上下语句通顺连贯。下面来看一个教学片段：

师：清晨，我在田野里散步——

生：这时，太阳刚刚升起来——

生：放出万道光芒——

生：把东边的云彩都染红了——

生：路旁野草上的露珠，在阳光的照耀下闪烁着晶莹的光芒。

……

这样，一个个句子就连成了一个片段。学生在轻松愉快的课堂氛围中提升了写作能力。

这种活泼有趣的作文基本功训练，可在课堂中抽出几分钟进行，也可在兴趣小组的活动中进行。只要经常引导学生进行训练，日积月累，就能取得良好的效果。

读写融合篇　读写融合提升，升华阅读兴趣

怎样指导学生自改作文

一位教师因儿子在一次测验中作文写得不好，就要送儿子去作文补习班，但儿子坚决不肯，结果两人闹得很僵。这样的事情在我们的生活中也会出现，孩子成绩不理想，即使是身为教师的家长，有时也束手无策。

这位教师的儿子写的作文，没一句能合老师和妈妈的心意，老师每次都用红笔一路删到底，他的妈妈删得更厉害。可以看出，老师很负责任，妈妈也很尽心，但很多事情不是负责、尽心就能行的，有时会适得其反。此外，从这位教师家长口中了解到，这个孩子不喜欢看书，课外书看得不多，没有掌握运用语言文字的能力，写起作文来自然不会得心应手。我认为，这位教师家长倒不如把补习作文的费用用来给孩子买书看。而且，评价作文要尽量发现优点，批改作文不能一删到底，否则，会让孩子丧失信心，失去兴趣，自然就讨厌作文了。

作文是写出来的，更是改出来的。写和改的主体都应该是学生，教师不能代写，也不需要完全代改。教师的职责是发现学生作文中存在的问题，并提出适当的修改建议，启发学生自己修改。教师要培养学生修改作文的能力，这与培养学生的写作能力同样重要。其实，写作文的过程就是"观察—思维—表达"的过程，而学生回看自己的作文，也就是"再观察—再思维—再修改"的过程，学生自改作文是认识和表达的深化与提高。

指导学生自己修改作文可采用以下方法。

第一，教师示范修改，引路指导。

教师可以找出典型作文中的共性问题，将全篇作为范文修改。也可以选择优秀、良好、一般不同级别的几篇作文，针对普遍性的问题进行对比分析，联系单元训练重点，边讲述边修改，教给学生修改的步骤与方法。每次评改既要有重点，又要重视综合运用，要始终注意引导学生正确使用字、词、句、标点等，同时，还要让学生学会使用常用修改符号。这个过程就是教师在教方法。比如，以两位学生的范文做对比修改。先看看周诺同学的《幸福就在身边》作文片段：

在家中吃饭时，我就"吐槽"中午学校的饭菜，向爸爸妈妈倾诉自己受的苦，让他们心疼我。可是，爸爸反驳我说："你这不算苦，已经很幸福了。贫困山区的学生，父母外出打工不在家，他们从小就要学会做饭，照顾年迈的爷爷奶奶。"每次听到这些，我都是左耳朵进，右耳朵出。其实爸爸说的这些我都懂，爸爸在贫穷地区长大，自然会对这些深有感触。我知道自己已经很幸福了，有父母的陪伴，还有学上，只是仍然觉得不满足。

这段文字语言平实，简单交代了自己生活的时代与爸爸生活的时代的不同，点出"我"是比较幸福的，但是对于"幸福就在身边"并没有太多地表现出来，如同流水账，只是诉说一些无关紧要的话而已，中心表达不够明确。

再来看看刘梦洁同学写的《幸福就在身边》作文片段：

清澈的河水在缓缓流淌，河中的鱼儿也在尽情地嬉戏。

我漫步在河边，倏地一团灿紫出现在我眼前，我心中一喜，便扑进了有淡淡烟草味的怀抱，我知道，一定是爷爷。爷爷摘下一颗最大的葡萄送入我的口中，一股甜味瞬间流淌到心里，我趁爷爷不注意，摘了几颗塞进爷爷嘴里，于是，爽朗的笑声徘徊在河边，久久回响在耳际。

这段文字语言优美，记叙了"我"和爷爷在河边吃葡萄的一件小事，通过"心中一喜""扑进了有淡淡烟草味的怀抱""甜味瞬间流淌到心里""爽朗的笑声"等词句把爷爷对"我"浓浓的爱展现出来，情感丰富，表明了"我"就是那个幸福的孩子，幸福就在身边。

第二，师生共同修改。

教师把典型文章印发给学生，学生在教师的指导下，找出文章需要修改的地方，提出建议，教师给予肯定、建议或指点。教师和学生也可以各修改一部分，这样就使学生进一步掌握了修改方法。比如，通过师生共同修改作文，学生明白了首尾呼应对表现作文的主旨有重要的作用。下面是郭小雨同学的作文《你让我如此怀念》的开头和结尾：

一座桥，一条河，一片星空，望着远处的灯火与美景，我却眼含泪花。

小时候，我不明白天上的星星是怎么回事，总跟爷爷撒娇要一颗星星。爷爷禁不住我的央求，摸了摸他那半白的头发，带着我来到田间的那一条河流旁。

……

至今，那片星空，那条河流，那座桥仍在，可爷爷已是满头银丝。

时光转瞬即逝，望着眼前的美丽风景，竟抑制不住内心的酸楚。原来，少年时代的我和年迈的爷爷还有这般美好的回忆；原来，少年时代的我还会向爷爷撒娇；原来，那时的风景是那样美。

那座桥，那条河，那片星空竟让我如此怀念。

可以看出，这篇文章的首尾呼应得恰到好处。

第三，小组集体评议修改。

由小组中的一名学生读，其余学生听，听后讨论，再进行修改。这样，每个人都可以从不同角度发表看法，还可以从小组的讨论中学习到别人优于自己的修改建议，取人之长，补己之短。这个过程是互动提高。

第四，当面指导批改。

对写作水平较高的学生，教师可"少扶多放"，从严要求，引导其精心修改。对写作水平较低的学生，则应"多扶少放"，提出修改建议，教给学生修改作文的方法，让其当面修改。

比如，对我班"写作小能手"张晓颖同学写的作文《陪伴到花开》，我便采取了"少扶多放"的方法。经建议，她将其中一个片段修改为："陪伴是从毛毛虫到成蛹再到破茧成蝶的蜕变，也是从一颗种子到花开的美好。站在秋的尾巴上翘望春的背影，从不起眼的种子到绚丽的花开,你们陪我度过了三个春夏秋冬,让我开出了最美的花儿。"

而刘欣同学的作文不太理想,她写的《幸福就在身边》一文的开头是这样的:"哪里有幸福?这是很多人都问过的一个问题,但他们终究都明白了幸福的含义。"这个开头并没点出什么是幸福,和本文中心联系不大。我对她采用了"多扶少放"的方法。经建议,她将开头修改为:"幸福是什么?对于我来说,幸福就是有家人、朋友的陪伴;幸福就是自由自在、随心所欲地做自己想做的事情。"这样的文字,既尊重了她个人的写作特点,也照应了主题。

第五,学生自己修改。

根据要求引导学生自己思考,从文章题目、内容方面看写什么,怎样围绕中心组织材料,有无错别字、病句等,让学生品读文句,认真修改。如一个学生写的《受人尊敬的滋味》片段:

我上下打量了一下这位老奶奶,她穿得很朴素,身上落满了雪,显然,她已经等了很久。我刚要闭上眼睛,突然意识到:为什么没有人给这位老人让座呢?我看了一下周围在坐的人,他们竟一个个都装做看不见的样子。

从这个小片段,我们可以发现一些问题:一是有三处错别字;二是只简单交代了老奶奶上车后的场景,却并没有点出当时老奶奶所处的境地和全车人对老奶奶冷漠的态度,很显然没和文本中心联系起来;三是没有表明自己对这件事的态度。后来他做了修改:

我打量了一下这位穿着很朴素的老奶奶,全身好似银装素裹一般,显然,她已经在外面等了好久好久。老奶奶颤巍巍地走上车来,充满期望地向车内望去,可是车厢里在座的人们,一个个都装作没看见,有的望向车窗外,有的闭上眼睛假装睡着……我为老奶奶得不到帮助而悲伤,为车厢里的人的冷漠感到悲哀。我"腾"地站了起来,大声说:"奶奶,坐我这儿吧!"我走过去搀扶她走到座位旁,这时我突然感觉到一车厢的人都望向了我,目光里满是赞叹,我心里比吃了蜜还甜。

读写融合篇　读写融合提升，升华阅读兴趣

　　对于修改作文，要耐心细致，教师千万不要过多地代替学生修改。这是一个循序渐进、逐步提高的过程，要小步走，把握好节奏，让学生从自改作文中感受到成功与快乐，使其语言生动有趣起来。

抓住生活的"牛鼻子",真实表达

一提到写作文,好多学生就愁眉苦脸,到了写作文的时候,搜肠刮肚,仍难以下笔。而如果作文贴近学生的实际生活,学生相对就易于动笔,乐于表达了。所以,引导学生关注现实,热爱生活,表达真情实感,能降低写作的难度。在实践中,我们倡导写生活作文、生活日记,把落脚点放在培养学生的写作兴趣和自信心上,于是我提出了"四不限",即题材不限、题目不限、字数不限、篇数不限。这"四不限"解放了学生的思想,放开了学生的手脚,使学生写作的热情与兴趣高涨,作用真是不可小觑。

在习作指导上,我们引导学生"为做人而作文,以做人促作文"。要求学生说真话、实话、心里话,不说假话、空话、套话。鼓励学生要写实事,表达真情实感,在生活的基础上展开丰富的想象和联想。

对于小学生来说,作文写得好不好并不重要,重要的是愿不愿意写,对写作有没有兴趣。因此,教师要千方百计地激发学生写作的欲望和兴趣。尤其是对低年级学生,我们坚持从"早""小""实""趣"四个字做起。

第一个字是"早",也就是要及早起步。在学拼音时就注意让学生组词、说话,并试着用拼音把话写下来;注重培养学生观察、思考、表现、评价的能力,多鼓励、多表扬、不批评,引导学生在生活中学习语言。比如,和老师、家长、同学的对话,生活中的一些小事等,记下来就是一篇好作文。这对学生来说,不但不会成为一种负担,反而会成为一种乐趣。如一年级的王俊杰同学的日记《妈妈真好》:

今天下雨了,妈妈说:"今天天冷,多穿件衣服,小心着凉!"我听了妈妈的话,多穿了一件衣服。果然,一出门就有一股冷风吹来，冻得我直打哆嗦，幸亏多穿了一件衣服。我心想：妈妈真好！

从组词、说话，到写一句话，再到写一段话，一年级下学期，绝大多数学生就能写一二百字的日记了，有的学生甚至能完整地记下一件事。

第二个字是"小"，即要从小事写起。如一年级的张欣怡同学的日记《给妈妈的惊喜》：

今天，我趁妈妈上班的时候把家里打扫了一下，想给妈妈一个惊喜。妈妈下班了，我赶紧藏了起来。妈妈打开门一看，见东西放得整整齐齐的，愣住了，惊讶地喊道："哟！我是不是走错门了？"

看，学生笔下的文字多么有生活情趣和真情实感呀！

第三个字是"实"，就是写实事，说实话。告诉学生：你看到什么、听到什么、想到什么，真真切切、原原本本、实实在在地写下来，就是好作文。如三年级的田威同学的日记《爸爸，我很烦》：

爸爸，前些日子我们一家乔迁新居，我本以为会有更好的生活环境，谁知整天"咚咚"的敲门声扰得我坐立不安。每次都是您请的手提礼品来"燎锅底"的客人。今儿来几个亲戚，明儿又来几个同事。每次来客人，我都要在您的眼色下不情愿地讲上一堆客套话，有时说错了还会闹笑话，令我十分尴尬……最让我恼火的是几乎每晚都听见客厅里炸雷般的划拳声："哥俩好哇！""四季财呀！"这一阵阵的轰鸣简直把我的头都炸蒙了，哪儿还有心思写作业呀？爸爸，我真不知道您为什么这么爱请客，总不至于是为了那点礼品吧？难道您每次陪客人喝得烂醉如泥好受？也许您觉得搬了新家不请客不够哥儿们，但您以为只有这样才有面子吗？爸爸，我劝您不要把时间都浪费在喝酒划拳上，还我一个安静的学习环境吧。求您了，爸爸！

学生写得多么真实、恳切，这就是实话实说。

第四个字是"趣"，就是写感兴趣的事。"童趣"是儿童心灵的乐园，只要教师善于发掘，就会成为学生习作的源泉。刘老师对学生关于家猫的习作引导就很到位。一天，学生李玉洁沮丧地对刘老师说，她家的小猫咪丢了。刘老师边安慰她边说："快把丢猫的事写下来，让大家帮你找一找。"当天她就写了日记《小猫咪丢了》。刘老师又对她说:"你想小猫咪,它一定也很想你。常言道,狗记千,猫记万,小鸡还记二里半呢。它一定会回来的。"因为李玉洁太想小猫咪了,回到家后她好像一直听到小猫咪的叫声,于是又写了日记《幻觉》。第三天,她一大早就跑来给刘老师报喜:"小猫咪真的回来了!"并写了第三篇日记《小猫咪回来了》。这一组日记充满了童真童趣。可见,只要善于激趣、引趣,学生就乐于写,也能写好。

学生对写作有了兴趣做保障,接下来就要注重开拓生活了。生活是作文的源泉,正如叶圣陶先生所说的:"作文这件事离不开生活。"学生的生活是丰富多彩的,关键是学生能不能发现、会不会观察、愿不愿思考、善不善于表达。教师要把功夫下在引导上,注重培养学生观察、思考、表现、评价的能力。首先要让学生知道不仅要关注身边的人和事,关注常见的景和物,还要关注社会生活、国内外大事。其次要引导学生学会观察,学会思考。只有观察细致才能写得生动具体,只有用脑思考才能写得深刻动人。一定要让学生时时处处做个有心人,引导学生描绘他们的所见、所闻、所历、所想,抒发他们的喜怒哀乐,真正做到"用我心思我事,用我口抒我情,用我手写我心"。

翻开学生的日记、作文,过去那些随意编造的假话、不着边际的空话、人云亦云的套话不见了,呈现在眼前的是一幅幅五彩斑斓的童年生活画卷。如《温暖》写了妈妈对自己无微不至的关爱,《多管闲事》赞扬了一个爱打抱不平的小姑娘,《灰蜘蛛》记叙了观察小蜘蛛生活习性的过程。不少学生还把视线转向社会和世界,如《套圈还是圈套?》谴责了专门哄骗小孩子的不良现象,《可恶的战争》则抒发了对饱受战争之苦的人民的同情和对战争发起者的谴责。

捧着这些日记,就好像捧着一颗颗纯真活泼的童心。学生开始爱上了写作文,我因势利导让学生把日记、作文选编成册,他们有的精心抄写,有的自己打印,有的配上插图,甚至还有的自己设计封面,并起了个响亮的名字,如"金色童年""萌芽""梦想,在路上"等。他们倾注了真挚的情感,互相交流欣赏,这些都对促进他们习作有着不可估量的作用。

读写融合篇　　读写融合提升，升华阅读兴趣

小作家是怎样诞生的

　　经常会看到这种情况：有的孩子读的书不少，与人沟通交流也顺畅，可作文水平就是提高不上去。这究竟是什么原因呢？其实主要是因为练习太少。不经常练习，写作水平就不会提高。一个人要想提高写作水平，没有捷径可走，必须要踏踏实实地一步一个脚印地练习。

　　作为语文教师，我们要想方设法让学生爱上阅读，也爱上写作。只读而不写，就很难有深刻的思考。学生必须在热爱阅读的基础上多练习写，只有阅读与写作双管齐下，才能全面提高语文素养。

　　我和学生经常浏览报刊上的优秀作文，每当学生读到《小学生学习报》《濮阳日报》等报刊上发表的小学生作文时，就会流露出羡慕的神情。于是，我鼓励他们好好写作，争取使自己的作文也变成报刊上的铅字。

　　每带一个班级，我都格外注重这方面的引领。即便是一年级的学生，我也鼓励他们试一试，哪怕只是在报纸上发表"豆腐块"。我先从班里写作能力比较强的学生入手，让他们做出榜样，逐渐把全班同学带动起来。当然这需要引导学生一遍遍地修改作文，也需要家长的协助。对于一篇作文，有时候要修改五六遍才算满意。每当我看到学生的作文在报刊上发表的时候，自己所付出的诸多辛苦都觉得值了，心里是甜的。文章发表了，从某一方面也说明学生的作文水平有了一定的进步与提高，这对学生写作能起到激励作用。

　　我经常把学生写的作文和日记选出来向报刊投稿。如此，我们班的学生养成了爱写作的好习惯。平时改作文和日记时，我总会在学生的本子上写这样一句话："若再认真修改一下，就可以发表了。"学生一看到这样的批语便备受鼓舞，修改文章也更为主动了。然后我会帮助他们去投稿，他们又会积极地阅读订阅的报刊，看自己的

作文是否发表。这样一来，学生也就更加爱读报刊了。就这样，形成了良性的循环，写作不再是一件令人头疼的事，而变成了一种兴趣爱好。他们不再害怕写作文，而是越来越爱写作文了。学生的一篇篇作文陆续见诸报刊，如《小作家报》《小学生学习报》《小学生作文报》《教育时报·课改导刊》《濮阳日报·教育周刊》等。如小俊同学在《河南青年报·少先队专刊》发表的《春姑娘来了》：

不知不觉中，春天降临了，大地从沉睡中苏醒过来，为这座中原龙城披上了淡绿的春装。

春姑娘舞起连天绿袖，拂动着濮水河边的垂柳。垂柳梳理着秀发，婀娜的身姿倒映在濮水河中。鱼儿看呆了，被柳树俊美的身材和飘逸的秀发所吸引。

春姑娘来到草地上，小草在春姑娘的召唤下焕发新生，它们正挺起腰身，伸出双臂，拥抱着春姑娘，还一个个拉起小手，织出一片绿油油的地毯。

春姑娘来到万花丛中，召唤花儿从梦中醒来。

春姑娘来到田野边，摇晃着身体，好像在告诉人们，今年将是一个丰收年。

啊，春姑娘真是一个高明的画家，为我们的生活描绘出一幅多么美丽的图画！

又如，司文同学在《濮阳日报》上发表的《李老师的水杯》：

李老师有一只浅褐色的水杯，上面画有月亮和星星的图案，感觉很雅致。每天，李老师都拿着这只装满清水的杯子给我们上课，有时泯上一小口，老师的嗓子就会变得更悦耳动听。我想，那水杯一定有神奇的力量，让清水变成了甘泉，滋润了老师的喉咙，让老师把知识源源不断地传授给我们。小水杯，我们一定努力学习，不辜负你的良苦用心，用行动为老师送去甘泉。

再如，普天同学在《濮阳日报》上发表的《文竹》：

我家的书桌上摆着一盆文竹。它不像玫瑰绚丽多姿，也不像月季娇艳迷人，但是它那充满生机的四季常绿的美，带来清新，令人舒畅。

读写融合篇　　读写融合提升，升华阅读兴趣

初春，油绿的枝条上抽出了几枝黄绿色的新芽。暮春时节，新枝上又伸出了些许嫩绿。盛夏，小巧纤细的叶片儿显得生机勃勃，微风隔窗吹来，摇摆枝条，翩翩起舞。秋天，许多树木的叶子开始飘落，可文竹还是那样碧绿，那绿丝构成的叶子一片连着一片，让人感到清雅文静。冬天，百花凋零，青草枯萎，而文竹却像苍松、翠柏那样，仍然葱茏地挺立着。

读书、学习、温习功课，它都默默地陪着我，已然是我的好伙伴了。

看到学生的作文越写越有样，我就产生了办班报的想法。于是，《春蕾班级作文报》诞生了，一周一期，每期一个专题，如"可爱的校园""导游词""我的老师"等，每期开篇都是老师寄语，再从学生习作中选出20篇优秀作文进行刊登。同时，我采取了一系列的奖励措施。学生每写一篇优秀作文，老师就奖励一枚印花，五枚印花换老师自制的喜报一张，两张喜报换老师亲笔写的表扬信一封，两封表扬信换一张奖状。同时，学生的照片也被粘贴在班级展示墙的光荣榜上进行宣传。令我意想不到的是，这种做法使学生比在省、市级报刊上发表作文的劲头儿还大。

我还引领学生评选最佳作品，具体怎么评由班干部和小组长组织学生投票完成。学生看到自己的作品发表在班报上，喜形于色，没有入选的学生也铆足了劲儿，争取在下期班报上发表。学生写作的兴趣又一次被激活了，对他们来说，重要的不在于评优的结果，而在于享受了认真阅读、激烈评选的过程。在这个过程中，学生一直处于阅读、比较、学习、评价的状态，这对提升他们的阅读能力、评价水平具有积极的促进作用。

小作家就是这样诞生的。

主题探究篇

探究主题阅读，拓展阅读兴趣

绘本让孩子从小种下快乐阅读的种子，将爱与温暖根植于心灵；童话为孩子打开真善美的大门；古诗词的浸润，使人聪慧，能丰富孩子的文化底蕴；童蒙养正，国学经典贯穿于孩子的成长生涯，润物细无声；充满奇妙色彩的幻想类书籍使孩子产生对神秘力量的好奇与敬畏，激起探求科学的渴望。"行走在阅读间"的边走边读，引领学生从课堂走向课外，从学校走向社会，从中国走向世界。

主题探究篇　探究主题阅读，拓展阅读兴趣

绘本播撒快乐的因子

对于绘本阅读的思考，源于和一位初中教师的谈话。她的孩子即将入学，听说我是小学语文教师，便向我询问解决孩子不爱看书的问题的对策。她所说的孩子不爱看的书，指的是"正规"书目，但孩子对绘本很喜欢。我很惊讶：绘本在她眼里只称得上是"闲书"吗？

对于低年级学生来说，要以培养阅读兴趣和阅读习惯为主，为其以后深入阅读打下良好的基础。那么，什么样的书可以达到这样的要求呢？被摆在畅销书书架上的儿童名著，常挂在嘴边的国学经典，这些或许能打开一扇阅读大门。但细想，一个刚刚接触阅读的六七岁的孩子，就选择这样的书目，是否太难了？回想自己的孩童时代，最爱看的莫过于小人书和连环画了，简单明了的图片配上生动的文字，可以让我和小伙伴们蹲在路边围成一圈有滋有味地看一天。随着社会的发展以及人们生活水平和阅读品位的提高，小人书、连环画渐渐被淘汰，绘本应运而生，而且深受学生的喜爱。

开学初，我便和家长达成了一个共识：在课余时间让孩子进行最有乐趣、最轻松愉快的绘本阅读。说起来简单，操作起来还是有一定难度的。一本制作精良的绘本虽只有几十元，但架不住孩子庞大的阅读需求量，算下来并不是一个小数目，并且大部分的绘本在读过几次后便被孩子打入了"冷宫"。在家长的支持下，我们班购置了近百本儿童绘本，有童话类、寓言类、科普类等，我们将每本都标注了序号，并制作了绘本目录。学生每周阅读一本，并在班级统一制作的读书阅读卡上记录书名和阅读效果，到下周再换一本，以使绘本的利用效率达到最大化。

可没过多久，我发现这种形式的绘本阅读有需要改进的地方。一次语文课上，教学任务提早十分钟结束了，于是我对学生说，可

从阅读走向悦读
——如何提升学生的阅读兴趣与能力

以拿出自己喜欢的绘本阅读十分钟,学生们立即欢呼起来,我心中还在窃喜:看来他们确实很喜欢阅读绘本。但是不一会儿,就有学生陆续举手说读完了。我感到很意外,虽是薄薄的绘本,但也不应该这么快就读完了呀?这不是个例,许多学生都很快读完并开始做其他无关的事情。我就在旁边仔细观察学生是怎么读的。转了一圈后我发现,学生与其说是"读"绘本,不如说是"翻"绘本,整个阅读过程只是翻一翻精美的图画,对文字一目十行,基本没细看。这不能怪学生,对他们来说,图画的吸引力远比文字大得多。于是我开始思索更有效的绘本阅读方法。

发现问题不难,要想解决却并不那么容易,我不能强制学生一个字一个字地看。怎样"润物细无声"地向学生渗透正确阅读绘本的方法呢?我琢磨着。忽然想起女儿小时候最喜欢听我讲故事了,我讲完一遍,她往往还要再听一遍,于是我得不停地讲,讲到我都快睡着了她还要听。这一下子就打开了我的思路。于是,在一次语文阅读课上,我让学生用一种自己喜欢的坐姿听我"讲绘本"。最初我还担心学生自制力不强,会让课堂变得一团糟,但事实证明我的担心是多余的。我一开始读,班里就安静了下来,所有的学生都专注地看着我,讲到有趣的地方,大家就笑个不停,讲到令人惊讶的地方,一个个都张大了嘴巴。在这样的氛围中,我自己也融入了故事中。"老师,再讲一遍,再讲一遍!"原来是一个总爱打盹的男生在喊。我想,绘本已经在学生心中播下了"悦读"的种子。

可是"讲绘本"也不能这样热闹一番就作罢,要让学生有所得才行。于是,我用各种方法来检测他们听的效果。比如,读完一个片段,我会把下一幅图用投影仪展示在大屏幕上,让学生猜一猜接下来会发生什么。他们一个个兴致勃勃地猜测着,让我忍俊不禁,感叹这群"小精灵"非凡的想象力。为了避免他们只是泛泛了解,有时读完一本,我就向他们提出有关小问题,锻炼他们捕捉关键信息的能力。在这样一次次的"陪读"中,学生也慢慢学会了这样的阅读方式,可以在阅读绘本后和同学讨论,开始静下心来与绘本中

主题探究篇　探究主题阅读，拓展阅读兴趣

的主人公"交谈"。

后来我发现，自己"讲绘本"总归是唱"独角戏"，学生也得不到锻炼，于是就开始发掘"小小演说家"。每周五让家长通过微信报名，按照顺序选择三名学生进行绘本阅读展示，前提是必须做好充足的准备。一开始只有几个平时比较活跃的学生报名参加，效果与我预料的一样，生动活泼，大方有趣。但绘本阅读不是个别学生的专利，于是我悄悄与几位家长沟通，鼓励一些不爱发言的学生上台。过程虽然是艰辛的，但也是快乐的，而且取得了不错的效果。进行了一段时间，每天报名者都络绎不绝，看着越来越热闹的绘本阅读，我知道是时候放手让学生自己来了。于是，周末的读书社活动成了学生共读绘本、交流绘本、讲说绘本的新天地，绘本成了他们生命中重要的一部分，而且我看到绘本中的人物与学生紧密融合在了一起，学生逐渐学会了像大白一样无私，像约瑟的爷爷一样懂得节约、珍惜，像犟龟一样坚持不懈，像霸王龙一样传递着自己的温暖，像花婆婆一样播撒着自己的爱……绘本所传达的爱与温暖，已经深深植根于学生的内心了。

我曾经在班里做过一个小调查：目前我们班的绘本中，你最喜欢读的是哪一本？结果《猜猜我有多爱你》高票当选。看到这个结果时，我的心里有丝丝感动，因为从学生选择的书里能感受到学生对爱的体会。这一本是我们师生共读的绘本。无论小兔子怎样表达自己对妈妈的爱，大兔子的表达总能更进一步。不是因为小兔子不会表达，也不是因为大兔子多富有智慧，而是因为事实确实如此。小兔子说："我爱你，像这条小路伸到小河那么远。"可是大兔子说："我爱你，远到跨过小河，再翻过山丘。"小兔子说："我爱你一直到月亮那里。"大兔子则笑着轻声地说："我爱你一直到月亮那里，再从月亮上回到这里来。"我也被这充满童趣、天真有爱的语言感动了，我发现，绘本阅读的意义不仅仅是感受语言，培养兴趣，更多的是一种对心灵的引导、对真善美的感悟、对生命美好意义的探索。或许对年幼的学生来说并不能深刻地体会到这一点，但是绘本阅读确实这样改变着他们。

有位作者说过这样一句话：阅读是最好的游戏，绘本是最好的玩具，绘本是孩子进入阅读世界的不二法门。我想，在这样美好的童年里与绘本相遇，给学生种下一颗"悦读"的种子，是学生一生最宝贵的财富。

诗意浸润成长

吟诵古诗词，能丰富学生的文化底蕴。《课程标准》明确要求学生在小学阶段背诵优秀诗文60篇（段）。学习古诗词，无论对学生的当前还是将来都有重要的意义。因此，在平时的教学中，一方面要结合课程内容教学古诗词，另一方面要通过多种途径，提供多种方式，让学生浸润在古诗词的学习中，使《课程标准》的要求真正落到实处。

一、早读时间，每日一首，读解诵

一大早，如果你来到我们学校，就会听到朗朗的书声，那是学生正在吟诵《小学生古诗词读说背用》中的一首首古诗词，这是濮阳市自编的辅助教材，侧重于小学阶段应学古诗词的详细解读，帮助学生学习古诗词。在早读时间，学生先自由朗读，并结合注释理解古诗词的含义，然后由吟诵出色的学生领诵，一遍遍齐诵，小组之间可以进行比赛，逐步达到熟读成诵的目的，最后利用2分钟时间由班长提问，如关于对词句的理解等，这样就对这首诗做到了比较全面的学习与巩固。

结合早读的吟诵，每个班在教室黑板的右上角开辟出一块诗歌园地"每日一诗"，每天抄写一首诗，让学生利用零碎的时间读读背背，促进记忆。这一天，只要在教室里，学生抬头就可以看见这首诗，印象自然深刻。

二、上学课间放学，播放古诗词配乐吟诵

为了更好地创设学习古诗词的氛围，我们利用上学、课间及放学的时间播放古诗词配乐吟诵。每天早上，迎接学生的不仅有和煦的朝阳，还有优美的吟诵。学校广播站会准时播放优美的古诗词配乐吟诵，两首循环播放。学生边走边听边欣赏，常常会不知不觉地

跟着吟诵起来。每天课间操的进场及回教室的时间，学生听到的依然是古诗词配乐吟诵。下午放学的时候，广播站会播放另外两首古诗词配乐吟诵。那些意境优美的古诗词，就成了一种非常美妙的声音，时刻在师生的耳边回响。

放学时，学生背着书包、喊着口号、排着队走出校门，在这里，你听到的不是"一二一"的哨声，也不是"好好学习、锻炼身体"的口号，而是一首首古诗词，每个年级的吟诵内容皆不相同。此时，你会惊奇地发现，校园里好像在进行赛诗会，这边吟罢，那边又起，一声声、一阵阵、一遍遍，此起彼伏。学生迈着整齐的步伐，吟诵着优美的古诗词，脸上洋溢着笑容，眼神里绽放出光芒，常常引得家长拿出相机定格下美好的瞬间。

有时候，学校也会开启校园电视，播放古诗词吟诵视频，让古诗词的吟诵可听可感。学校的大屏幕前常常站着许多学生，他们扬起可爱的小脸，津津有味地欣赏着古诗词吟诵视频，看到精彩处，便情不自禁地大声吟诵起来，真是一道美丽的风景。每每这时，我们也被感动着，感动于学生的投入，更感动于古诗词的美好。

三、古诗浸润课间操，让古诗词"动"起来

古诗词不仅可以唱起来，还可以"动"起来。结合濮阳市教育局组织的"最美大课间"活动展演，我校发挥独有的特色，一改平时以单纯的音乐节奏为背景的锻炼形式，创新设计，将古诗词吟诵渗透于课间操。学生做课间操的时候，合着音乐，边做边吟诵古诗，动口、动脑、动手，既锻炼了身体，开发了智力，又受到了古诗词的熏陶，同时也使中国古典文化得到了传承与弘扬。

四、线上收听，古诗词学习随时随地

得益于现代科学技术的发达，学习不再局限于课堂，我们鼓励学生随时随地进行在线学习，并向学生推荐了一些在线古诗词节目。

如"每天解读一首诗"，这是由热爱国学和古诗词的教师开通的一个音频节目，每天都有一位教师用20分钟的时间和大家一起学习一首诗，用学生听得懂的语言去解读，以学生喜欢的方式去欣赏，

有故事，有知识，充满乐趣，能引领学生爱上古诗词。

又如杭州市深爱古诗词温婉柔美的吴诗清老师开设的线上直播，主要是针对小学生以及教师、家长，开展了小学生必背古诗词70首的专题解读。吴诗清老师的解读全面细腻，浸润心灵，直播于每周六晚上8:30开始，进行一个小时的解读与互动交流。

吴老师每解读一首诗，都会阅读与这首诗相关的很多资料，以有趣的方式和听众聊诗。她善于抓关键点来解读每首诗，总能从独特的角度去思考，使大家学习到与这首诗相联系的重要知识点或有意思的小故事，每次都能使听众在原有理解的基础上有新的提升。学生边倾听，边思考，边交流，印象是深刻的，收获更是意想不到的。

比如，在聊到贺知章的《咏柳》一诗时，吴老师首先向大家抛出了一个有趣的话题：当你读这首诗时，眼前出现的是一棵树，还是一个人？如果你不但看到了一棵充满生机的树，还看到了一个美丽的少女，那就是真的读懂了这首诗。原来，她把柳树解读为少女，把随风飘舞的柳丝解读成一个婀娜多姿、可爱妩媚的少女形象。没想到描写春天景色的一首诗能和少女联系起来，这很有意思，一下子就抓住了听众的兴趣点。有时，一首简单的诗她竟然能引出很多典故，使听众从不同的角度感受到诗人的情趣，生动鲜活，令人耳目一新。

通过多种途径的学习，学生不但深入了解了古诗词，更重要的是拓宽了知识面，锻炼了思维，真正实现了通过古诗词的学习了解并继承中国优秀传统文化的目的。

从阅读走向悦读
——如何提升学生的阅读兴趣与能力

国学经典伴成长

  读着你，仿佛走进了春天，祥和之气携着淡淡的茉莉清香，扑面而来，春意盎然。国学经典，你教我们有如大海一样深邃的思想，有像天空一样的心胸，顶天立地，自强不息；你教我们有如水一样的柔软，上善若水，水利万物而不争。反复读着你，越读越熟，渐有所悟，让人读你千遍万遍也不厌倦。

  国学经典传承文明，接续未来。综观中小学教材无不渗透着国学经典的精髓。学校注重国学经典活动的内涵发展，强调文化润泽校园，同时还让学生走出课堂丰富国学经典的学习经验，扎下中华传统之根，实现自我完善、自我发展。

——题记

  邓实曾在《国学讲习记》中给"国学"下定义说："国学者何？一国所自有之学也。有地而人生其上，因以成国焉。有其国者有其学。学也者，学其一国之学以为国用，而自治其一国也。"国学经典是一个民族博大智慧和美好情感的结晶，所载为至理常道，透射着人文的光芒，其价值历久而弥新。

  我与国学经典真正意义上的相遇，源于有一次聆听"国学智慧与青年人生"的讲座。原来我肤浅地以为国学就是儒家之道，其实国学博大厚重，包括道家、儒家、墨家、法家、兵家等。学习国学经典，不仅可以提升自身的素质修养，还可以指导孩子健康成长。

  国学经典讲的是德与智、文与武，讲的是个人与社会、人类与自然。学好国学经典，能德智兼备，豁达风趣，对我们的人生有指导作用。国学经典博大精深，源远流长，其文化与精神似水中之盐，虽看不见，但有滋有味有益处。著名企业家李嘉诚说自己的成功源自一种气概，而这正是得益于儿时的教育。李嘉诚先生感叹道："儿童时期学的《三字经》《千家诗》《诗经》《老子》《庄子》等，这些

主题探究篇 探究主题阅读，拓展阅读兴趣

知识弥足珍贵，令我终身受益！"可见，一个人的成就，与他小时候所获得的精神食粮有关。

对国学经典的学习要从小开始。我们要重视对孩子的国学教育，做好国学经典诵读的引导，让国学教育"润物细无声"地贯穿孩子的成长生涯，发挥其人文素养的熏陶作用。教学实践证明，读了三年国学经典的孩子，识字量基本达到了4000多字，相当于高中生的水平。

除了大量识字，国学还能给孩子带来什么呢？

《弟子规》，系统化的儿童行为守则，约1000字。教育孩子从小懂礼貌、讲信用、孝顺父母、尊敬师长、友爱兄弟姐妹、与人和谐相处等，这些道理直接奠定了孩子人生的幸福基调。

《三字经》，中国文化史纲，约1100字。1990年，联合国教科文组织将新加坡出版的《三字经》英文译本选入"儿童道德丛书"。《三字经》是一部高度浓缩的中国文化简史，对提高孩子的学业成绩和文化修养都有极大的帮助。

《千字文》，"天下第一字书"，是最好的童蒙识字教材。由1000个不重复的汉字编成，语言优美，脉络清晰，涵盖全面。学完它，孩子就可以轻松阅读，进而养成自主探究学习的好习惯。

《论语》，"中国人的《圣经》"，约16000字，自古有"半部《论语》治天下"一说。《论语》能形象生动地教会孩子人生永恒的法则，从小熟读它，将来走向社会，可以洞察人性，了悟人生。

《大学》，中国人的必读书，约2000字。读之，可以形成敦厚中正之性，有利于树立正确的人生观，从小就构建"修身、齐家、治国、平天下"的大格局。

《中庸》，"和谐"人生的指南，约4000字。"中"是指做人、做事不偏激，中正平和；"庸"是指永恒不变。《中庸》说的是永恒不变的和谐之道。学习《中庸》，能够开发潜能，提高智慧，成为高素质人才。

《道德经》，中国人的智谋奇书，约5000字。其智慧可用于各个方面，如诺贝尔物理学奖获得者丁肇中将《道德经》的思想运用到

了科学研究领域，企业家张瑞敏运用《道德经》中的智慧将海尔打造成了世界品牌。所以，从小熟读领悟《道德经》，可以使人卓尔不凡。

《易经》，"不学易不足以为将相，不学易不足以为医"。它是经典的源头活水，在它的影响下产生了许多著作，如《道德经》《黄帝内经》，并发展出道家、儒家、医学甚至兵法等。

我们学校一直提倡学习国学经典，让学生利用晨读时间大声诵读，培养学生的良好品德。平时，我在晨读课上也会讲一些小故事给学生听。比如，在和学生一起读到"冬则温，夏则清，晨则省，昏则定"时，我会讲"黄香温席"和"黄香扇枕"的故事；当学到"亲有疾，药先尝，昼夜侍，不离床"时，我会讲"汉文帝亲尝汤药"的故事。这样会让学生从故事中学会孝道感恩，体会到国学经典的博大精深。

中华文化历史悠久，我们应紧跟圣贤的脚步，饮源头之水，读群经之源。圣人以不言之教告诉我们该选择什么样的书读，我们就朝着这一方向引领学生从高起点起飞！

主题探究篇　探究主题阅读，拓展阅读兴趣

张开幻想之翼

在童话故事的基础上，幻想类书籍能给孩子带来更大的收益。对幻想的好奇和敬畏，会让孩子不由自主地产生探求的渴望。

记得女儿小时候常常捧着《爱丽丝奇遇记》和"哈利·波特"系列翻来覆去地看，看书不过瘾，她还把相关的电影找来看。我注意到，从女儿阅读的《格林童话》，到去电影院看的"哈利·波特"系列，都充满了幻想的色彩，对孩子有极强的吸引力。而这背后，便是孩子对幻想浓厚的兴趣，以及幻想对孩子想象力的开发。由此可见，让孩子多阅读幻想类书籍是多么重要。

虽然"哈利·波特"系列介绍的是不存在的魔法和巫术，没有科学依据，但这在孩子心里却播下了一颗梦想的种子。这颗种子会随着时间的推移日益长大，让孩子认识到世间存在各种可能性，只要敢想敢做。

幻想源于思考。所有幻想类作品的背后都不只是简单的天马行空、胡思乱想，而是根据现实精心设计和加工出来的。即便是科幻片《阿凡达》中的各种神奇植物也是受到了现实生活中海洋生物的启发而设计的。据说影片中山的造型来自中国，就连故事情节也是在人类历史中上演了无数次的殖民事件的翻版。对作者来说，是思考产生科幻；对读者来说，是由科幻引发思考。而这种思考的过程，也正是要教给孩子的。

但是，幻想从来都是变幻多姿的，并不是一个有着固定规律可以教授给孩子的知识点。教师和家长所能做的，就是为孩子提供良好的学习环境，由他们自己去感知、创造、想象。那么，如何培养孩子的思考能力和想象力呢？

阅读，无疑是最佳的选择。相比于通过电影等视觉方式向孩子传授知识，幻想类书籍不仅能让孩子学到知识，而且能开发他们的想象力。虽然电影制作的水平越来越高，3D 和 IMAX 等影视特效层出不穷，以"哈利·波特"系列为例，电影设计的魔法简直让人大开眼界，但这也是电影的局限性。因为有所呈现，孩子更多地以信息接收者的身份参与其中，思维很容易固化，难以有新的突破。而阅读不同，当孩子处于阅读的状态中时，他们的眼睛、嘴巴、大脑乃至全身都会投入其中，通过想象力一点一点构建出魔法世界，这才会让人获得更多启迪。电影里的哈利·波特只有一种样子，而书中的哈利·波特可以是任何样子，学生自己想象出来的样子才是最好的。

阅读能让学生学到知识，尤其是感性的知识，让学生的头脑里充满各种事物的形象，这是儿童想象力发展的基础。所以，多阅读幻想类书籍，能拓展孩子的视野，丰富孩子的阅历，反过来，视野越开阔、阅历越丰富，越有助于孩子想象力的发展。教师和家长可以经常带孩子去参观、旅游等，启发他们认识各种事物。孩子见多识广，就容易把各种事物的某些特点联系起来去想象，而想象力就会在这一过程中得到较全面的发展。此外，还可以和孩子一起做有趣的事情。比如，编故事、演情景剧，把房子想象成树洞、太空船，把吸尘器想象成怪兽等。要积极鼓励孩子参与，并给予相应的引导、启发，这对孩子语言表达能力的提高和想象力的开发都大有益处。

阅读幻想类书籍多了，想象力就会很丰富，脑子中就会冒出各种神奇的事物，于是我就鼓励孩子把想象的事物写下来。如欧阳靖同学在《漫游恐龙时代》中这样写道：

21 世纪，人们发明了时光机。于是，我乘着时光机来到了恐龙时代的侏罗纪，看到了一只恐龙的嘴特别像鸭子，我想，这应该就是鸭嘴龙吧。我向前走着，又看到一只食草恐龙正在河滩上吃石子，我很疑惑，便打开了专门适用于恐龙时代的无线接收电脑，发现许多食草恐龙都有吃石子的习惯。因为食草恐龙的牙齿一般都只有把食物撕碎的功能，却不会咀嚼，而吃下这些石子就能帮助胃把食物消化掉，这些石子就叫胃石。我继续前行，一只慈母龙吸引了我。它很聪明，在产蛋前会挖一个坑，准备很多草，然后把蛋下在坑里，

主题探究篇 探究主题阅读，拓展阅读兴趣

再埋上土，用草盖上，防止其他恐龙来偷它的小宝宝。

这时，我一抬头，发现了一只翼龙，它是自古以来飞在空中最大的动物。一种巨型翼龙的身体像人那么大，两只翅膀展开来能有12米呢！

天渐渐黑了。我又乘着时光机回到了21世纪，走在阳光大道上，不禁感慨万千。

再如，邵凌波同学写的《诚实的小孔雀》，有趣且有意义：

森林里的动物可真多，大象、梅花鹿、金丝猴、小白兔、杜鹃鸟……其中最漂亮的，得数小孔雀了。翠绿发亮的脖子，五颜六色的羽毛，漂亮极了！美中不足的是，小孔雀的尾巴太难看了，又短又小，跟它美妙的身姿极不相称，而且尾巴的颜色是黑的，所以，小孔雀一直很发愁，它真的很不喜欢这条尾巴。

有一天，森林里来了一位仙女。她头戴花冠，身穿白裙，手里拿着一根魔杖，非常美丽。仙女把森林里所有的动物都召集在一棵枝繁叶茂的树下，用她那甜美清脆的嗓音对动物们说："朋友们好！我是从天上来的，主要是来帮助你们的。谁要是觉得自己身体的哪个部位不好看，我可以让它变漂亮。"

金丝猴懒洋洋地坐在树上说："森林里数我最漂亮！我长得像人，五官端正，身上的毛是金色的，而且我还有一条长尾巴，不像兔子，它的尾巴短得可怜！"

"才不是呢！我的尾巴多好看啊！我的脸圆圆的，十分惹人喜爱。我才不像马大哥的脸那样长，难看死了！"兔子嚷道。

"什么？你竟敢说我的脸难看！"马大哥气呼呼地说。

这时，小孔雀挤到了前边说："仙女姐姐，我觉得我的尾巴又短又黑，不好看，请你帮我把它变漂亮吧。"

仙女笑了，说："小孔雀是诚实的，它敢于指出自己的不足。而你们呢，只看见别人的不足，却看不到自己的缺点，你们应该向小孔雀学习呀！"说着她用魔杖一指，小孔雀那条难看的尾巴一下子就变成了又大又艳丽的尾巴了。

看，孩子就是一个智慧的宝库啊！幻想类书籍是孩子成长的伙

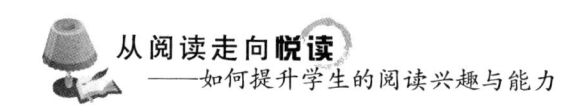

伴，不仅能使孩子勤于思考，还能开发他们的想象力。

教师要将教育和想象力的培养相结合，为孩子提供一个培养想象力的成长环境，鼓励孩子多阅读幻想类书籍。我们既然致力于基础教育，就有责任帮助孩子树立远大的志向，使他们心中充满美丽的梦想，张开幻想的翅膀自由飞翔。

主题探究篇　探究主题阅读，拓展阅读兴趣

行走在阅读间

"行走在阅读间"是我们学校开展的一项把阅读与旅行结合在一起的活动，边行走边阅读，旨在引领学生从课堂走向课外，从教材学习走向课外阅读，从学校走向社会，从中国走向世界，让学生从小把爱根植于心中，学会爱家乡、爱祖国、爱世界、爱地球上的每一个生命，以博大的胸怀、远大的志向，阅读中国乃至世界这本厚重的书，真正实现"大阅读"。

我们利用校园中心位置的"圆厅"，为学生设计了四个板块——"美丽龙乡行""魅力河南行""梦想中国行""绮丽世界行"。一个楼层一个板块，每个板块都有相应的阅读主题与行走路线，以及《师长导读》《阅读风采》《推荐书目》等栏目。为了激励学生阅读，我们还制定了详细的积分评奖办法。

板块一：美丽龙乡行。

我爱我家，阅读亲情，这是我们为一年级、二年级的学生设置的阅读系列。

一年级是亲子之旅，行走路线是濮阳市下辖的县区，包括华龙区、南乐县、清丰县、濮阳县、范县、台前县。各站的阅读书目分别是《小猪唏哩呼噜》《三毛流浪记》《哭鼻子大王》《小巴掌童话》《大个子老鼠小个子猫》《爷爷一定有办法》。

二年级是寻根之旅，行走路线是濮阳市的名胜古迹，包括仓颉陵、普照寺、戚城遗址、中华第一龙、十字坡、将军渡。各站的阅读书目分别是《精灵鼠小弟》《苹果树上的外婆》《一百条裙子》《我是一个可大可小的人》《丁丁历险记》《没头脑和不高兴》。

天真活泼的学生在这项阅读活动中很投入，感悟很深。李静远同学在阅读展示中说："阅读让我更聪明，懂得了更多的知识，见到了许多我去不了的地方。书籍告诉我什么是爱心，通过阅读，我交到了很多好朋友。"李恒瑞同学说，他从斯图尔特身上看到了善良，懂得了无论做什么事都要有勇气、有毅力、有决心。王晨馨同学说，《没头脑和不高兴》让她明白，只有先做好小事，才能成就大事。

板块二：魅力河南行。

桑梓情深，阅读家乡。该板块分为两个阅读主题：阳光之旅和梦幻之旅。

阳光之旅的行走路线：从我们的家乡濮阳出发，经过安阳，走向新乡，来到郑州，再去洛阳，然后是三门峡、南阳，最后是信阳。各站的阅读书目分别是《小香咕和不好惹的蜜蜂老师》《小香咕和软软的心事》《小香咕和腊梅精灵说心语》《天方夜谭》《小香咕和狒狒小伴娘》《大林和小林》《草房子》《小鹿斑比》。

梦幻之旅的行走路线：从濮阳出发，去往开封，经过许昌，再到平顶山，然后到漯河，再经过驻马店，到周口，最后是商丘。各站的阅读书目分别是《卡夫卡变虫记》《法布尔昆虫记》《鼹鼠的月亮河》《魔法师的帽子》《格林童话》《时代广场的蟋蟀》《亲爱的汉修先生》《你很快就会长高》。

板块三：梦想中国行。

爱我中华，阅读中国。读书决定一个人的修养和境界，关系民族的素质和力量，影响国家的前途和命运。"梦想中国行"这一板块有两个阅读主题：爱心之旅和幸福之旅。

爱心之旅的行走路线：从濮阳出发，去往山东的济南、陕西的太原、河北的石家庄、北京、天津，再到东北三省的沈阳、长春、哈尔滨。各站的阅读书目分别是《秘密花园》《我要做个好孩子》《山羊不吃天堂草》《小河男孩》《蜗牛的森林》《小花鼠》《动物动物去哪里？》《查理和巧克力工厂》。

幸福之旅的行走路线：从濮阳出发，经过安徽的合肥，到江苏的南京，然后到上海，再到浙江的杭州，接着到福建的福州，再去广东的广州，再然后到广西的南宁，最后走向云南的昆明。各站的阅读书目分别是《一片叶子落下来》《橡树上的逃亡》《夏洛的网》《青鸟》《我是一只狐狸狗》《骑鹅旅行记》《山居鸟日记》《算得快》。

主题探究篇　探究主题阅读，拓展阅读兴趣

板块四：绮丽世界行。

放眼世界，走向未来。鲁迅曾在《给颜黎民的信》中说："必须如蜜蜂一样，采过许多花，这才能酿出蜜来，倘若叮在一处，所得就非常有限，枯燥了。"我们不仅要让学生阅读中国，还要让他们走出中国，走向世界，为此设计了"绮丽世界行"板块。这一板块包括激情之旅、文明之旅两个阅读主题。

激情之旅的行走路线：由中国出发，经过朝鲜，去往日本、加拿大，途经美国，走向墨西哥，再到委内瑞拉、巴西，最后到阿根廷。各站的阅读书目分别是《第三军团》《巫师的沉船》《班长下台》《男生贾里女生贾梅》《绿山墙的安妮》《洋葱头历险记》《柳林风声》《西游记》《绿野仙踪》。

文明之旅的行走路线：由中国出发，途经俄罗斯，去往德国，经过法国，再到西班牙，之后是埃及、沙特阿拉伯、印度，最后到达澳大利亚。各站的阅读书目分别是《桃花源的故事》《我的妈妈是精灵》《稻草人》《农场疑案》《奔跑的女孩》《两根弦的小提琴》《海底两万里》《蝉为谁鸣》《三国演义》。

在该板块，我们还设计了"师长导读"栏目。在这一栏目里，学生可以进行精彩的导读引领。比如，王启凡同学这样向大家推荐"神奇校车"系列读物："这是美国国家图书馆推荐给小读者的一套课外自然科学读物，可以带你看鲨鱼共舞，去海底探险，也可以带你遨游太空，在人体中游览，了解科学奥秘。"张浩然推荐《"下次开船"港游记》一书时说："这本书是中国儿童文学史上难得的杰作，通过富有神奇色彩的幻想故事告诉小读者，懒惰是时间的停滞、生命的浪费，所以，赶快行动起来，珍惜时间和生命。"

除此以外，我们每个月还会为学生推荐其他好书，如沈石溪的短篇小说集《第七条猎狗》。还设计有"阅读风采"栏目，展示学生的阅读感悟、摘录及照片。一条条精彩的留言印刻着阅读的智慧，如"鸟欲高飞先振翅，人欲上进先读书""生活里没有书籍，就好像没有阳光"……这些感悟都来自学生的真切体会。

教师、家长也可以推荐优秀书目，比如，巴仙岩的妈妈推荐了

《总有一天会长大》，郭玲玲老师推荐了《小布头奇遇记》等。

除学校推荐的书目，学生自主阅读的内容也可以纳入积分项之中。根据积分奖励办法，我们在学期中进行阅读认证，期末予以表彰。各项阅读认证积满一定额度的分值，可颁发相应称号的证书、奖品或与老师、校长合影留念。

阅读好比旅行，在遇到一个新环境时，会有欣喜，有新的感悟、新的提高。每个人也都能在阅读中找到自己，比如，有时在看一本书时就会想：我是不是这个人？我会变成这样的人吗？

我们倡导学生"行走在阅读间"，目的是引领学生在读万卷书的同时行万里路，真正实现阅读书本与阅读自然、阅读社会、阅读世界的大融合，让世界变成立体教材，使学生的眼界更加开阔，胸怀更加宽广，阅历更加丰富，理解更加深远，让阅读丰润生命，以智慧启迪未来。

主题探究篇　探究主题阅读，拓展阅读兴趣

利用校本读物滋养心灵

我校在开发校本教材方面做出了很大努力，根据当前的教育形势，结合学校实际及学生的年龄特点，组织教师阅读书籍、查找资料、调查研究，经过多方讨论，相继研发了《晨诵》《中华经典诵读》等一系列适合校情、学情的校本教材，并发挥了其独特的作用。

一、《晨诵》开启美好的每一天

为了扩大孩子的阅读量，让学习生活充满诗意，让诗歌在孩子的心里生根发芽，学校将校本教材《晨诵》纳入教程，每天早晨由语文教师带领孩子以诵读诗歌开启美好的一天。每学期，不同年级的晨诵内容各具特色，学校还向学生推荐了一些阅读书目。

一年级、二年级主要集合了一些喜闻乐见的童谣、儿歌、儿童诗及中外名家朗朗上口的优美小诗，如《小老鼠上灯台》《雪花飘》，顾城的《大雁》《老树》等。

三年级主要是一些比较长的诗歌，如金子美玲的《呼吸的时候》、金波的《鲜花和星星》《晚风藏在花丛里》、艾青的《太阳的话》等，另外还有《爱莲说》《诗经》等知识性的或有深意的朗诵内容。

四年级所选的诗歌更加唯美且有深意，比如苏金伞的《蒲公英》、顾城的《叽叽喳喳的寂静》、金波的《不应当只记得》《牵住时光的手》《分享成长》、黄国辉的《童年》、舒兰的《放假了》、苏联伊·托克玛科娃的《鱼儿睡在哪里？》等，同时也增加了苏轼、诸葛亮等名家的古诗文。

五年级所选择的诗歌比较经典，且意义深远，注重广度与深度。如叶圣陶的《风》、金波的《我们去看海》、狄金森的《没有一艘船能像一本书》、席慕蓉的《美丽的心情》、冰心的《雨后》、何其芳的《生活是多么广阔》、金子美玲的《玫瑰小镇》、艾青的《我爱这土地》、郭沫若的《天上的街市》、泰戈尔的《金色花》、舒婷的《赠别》、余光中

的《乡愁》等。另外，还增加了辛弃疾、苏轼等人的古诗词。

　　这样的晨诵课，不同于一般的语文课或阅读课，没有烦琐的讲解，没有过多的提问，没有热闹的讨论，设计简洁，只有"阅读链接"和"我会写诗"两个环节。"阅读链接"环节一般选择两首小诗，让孩子反复诵读，可以自由读、同桌对读、小组读、比赛读，可以有感情地读，快乐自信地读，从中体会诗歌带来的愉悦，让诗意像汩汩清泉滋润心田，流淌于心灵深处。我们所选择的这些诗歌都是简单易学、朗朗上口的，孩子往往读几遍就能背诵下来，而且很容易模仿。我在指导孩子朗读时，会精心创设情境，这样孩子们的思维就更容易被激活，往往会收到意想不到的效果。而且，不同形式的读，能让孩子很快熟读成诵。通过指导朗诵诗歌时的发声、断句、语气等技巧与情感运用，能让孩子身处诗歌的意境中，深入感悟诗歌的魅力，不断提升语文素养。

　　"我会写诗"环节是让孩子学习改写、创编诗歌。先让孩子自己模仿原诗来写，或教师示范创编一组。在这个创编诗歌的环节里，孩子表现出的积极性简直超乎想象。而且孩子读自己写的诗歌跟读教材上的诗歌有所不同，对诗的把握更准确，那种自豪感与兴奋感溢于言表。

　　比如，学习了苏金伞的《蒲公英》：

蒲公英

当天空响起一串一串春雷，
蒲公英在蜗牛身边，
生出小小的蓓蕾。

当一轮红日，
从丛林中窸窣钻出，
蒲公英开出耀眼的黄花。

夜间繁密的星星，
大颗大颗的露珠，
蒲公英在暗暗繁殖。

有的孩子是这样创编诗歌的：

荷花

当天空下起一串一串小雨，
荷花在青蛙身边，
生出小小的蓓蕾。

当一轮红日，
从莲叶中塞窄射下，
荷花开出耀眼的粉花。

夜间繁密的星星，
大颗大颗的露珠，
荷花在暗暗生长。

再如，学习了金波的《我们去看海》：

我们去看海

走啊，一起走，我们去看海
海风已吹进我们的心中
耳边已响起潮声澎湃
走啊，去看海，海是我们的梦

海的胸怀如此的宽大
海的家园如此的富足
海是我们的另一个家
看见海，就像走进了宝库

我们在海的怀抱里跳跃
歌声笑声溅起鲜亮的花朵
我们在海的怀抱里欢笑
潮起潮落都有动听的歌

去看海，一路唱着热情的歌曲
去看海，有读不完的生命启迪

有的孩子是这样创编诗歌的:

我们去看云

走啊,一起走,我们去看云
柔风已吹进我的心中
耳边已经被云轻轻擦过
走啊,去看云,云是人间仙境

云的性格如此的温柔
云的家园如此的舒适
云是我们的第二个家
看见云,就像走进了梦境

我在云的抚摸下成长
白云蓝天构成美丽的图画
云在我的怀抱里欢笑
乌云彩云都有着特别的美

去看云,一路唱着白云的歌
去看云,有看不够的奇妙幻境

我们去麦田

跑啊,一起跑,我们去麦田
麦田的金黄已经看到
耳边已响起麦田的歌声
跑啊,去麦田,麦田是我们的天地

麦田的金黄闪闪发光
麦田的诗意如此丰富
麦田是我自由的天地
看到麦田,就像看到了金黄的天堂

我们在麦田里歌唱

主题探究篇　探究主题阅读，拓展阅读兴趣

我们在麦田里跳舞
我们在麦田里做游戏
在麦田里的每一秒都是快乐的

去麦田，一路上唱着歌
去麦田，一路上荡漾着快乐的笑声

孩子在这样的课堂上，表现得兴趣盎然，读起诗来声情并茂，韵味十足。在改写创编时，气氛极为活跃，你一言我一语，思维的火花在碰撞中得以点燃，发挥了无限的想象力。

二、《中华经典诵读》播下智慧与善良的种子

中华经典是中国传统文化的精髓，是中华民族的人文标志。让经典走近儿童，让儿童走进经典，在当前显得尤为重要。著名国学大师季羡林先生曾说："中华古诗文经典诵读工程正在将文化的种子撒播在孩子的心里，撒播在希望的田野上，春华秋实，它的作用在不久的将来必会凸显，为这项工程所做的任何努力，都会使安放我们灵魂的精神家园更加美好。"孩子诵读经典，会在心灵上播下智慧与善良的种子，会在潜移默化中爱上中国传统文化。

我们从《三字经》《弟子规》《增广贤文》《论语》等十余本书中精心选编，编写了《中华经典诵读》，按照学生的年龄特点进行不同的编排，同时加上注释和解说，以及与之相对应的精彩故事和形象生动的图片，让学生吟诵、感悟，使他们在圣贤的智慧之光下健康成长。

比如，五年级上册《中华经典诵读》设置了《增广贤文》《成语故事》《必背古诗》《名言警句》等栏目，并推荐适合的阅读书目供孩子选择。

在学校里这本读物的阅读一般由班主任或语文教师负责，由班干部、"朗读小能手"带领，在每天上午第一节课前的早读时间进行，课余时间亦可阅读学习。孩子们一遍遍地读着朗朗上口的经典名篇，解读其意思，并通过趣味小故事，对其含义有了更加深入的理解，久而久之，孩子们的文化底蕴也随之丰厚起来了。

反复阅读一本好书

有一种现象，很有意思。孩子如果喜欢一个游戏，总会和同伴反复玩，即使是像"老鹰捉小鸡"这种简单的游戏，孩子们也会玩上半天，乐此不疲。其实如果我们仔细观察就会发现，孩子在反复玩的过程中，也在不断思考与变化着，最初孩子可能选择做一只稚嫩的、被保护的小鸡，渐渐地，孩子会尝试扮演老鹰，想尽办法抓住小鸡。这就是反复玩一种游戏给孩子带来的思考和收获。

在我看来，读书也一样。首次拿起一本书阅读，读到的可能只是它肤浅的表面，读过之后，记住的可能只是书中一个难忘的故事情节，或是一个诙谐的小笑话，或是一段优美的语言。而如果过些日子去重读，就会有很多意想不到的收获，或许这种收获与自己当时的心境有关，再继续深读下去，也许就会质疑作者的观点、书中人物的想法，这都是反复阅读带来的思考。

"旧书不厌百回读，熟读深思子自知。"古人的这句话，道出了反复阅读的好处。在教学过程中，我能感到孩子学到的很多知识都是从反复阅读中获得的。对于孩子来说，第一次阅读吸引他的更多是书中的故事情节，我把这种吸引看作孩子在看热闹，但开卷有益，即使是看热闹也让他看，看着看着，他可能会因故事情节而反复阅读。

什么样的书值得孩子反复阅读呢？首先，这本书得是一本真正的好书，可以是经典名著，也可以是充满时代气息的符合孩子年龄的书。其次，这本书得是孩子爱不释手的书，愿意花时间反反复复去看的书。

记得在播放电视剧《射雕英雄传》的时候，上小学三年级的女儿也和我们一起看起来。后来，我买了这套书翻看，女儿有时也拿来看。我就想，她能读懂吗？谁知却开启了她阅读金庸小说的大门。

主题探究篇 探究主题阅读，拓展阅读兴趣

  第一次阅读这种纯文字又带有一点文言文风格的书，对于一个小学生来说，的确有一定难度。但女儿竟也看完了，当然她肯定有读不懂的地方。过了几天，女儿又拿起书看了起来，她一遍一遍地看，甚至把书皮都翻皱了。我有些担心，孩子反复读一本书，会不会错过更多的好书，影响她的阅读量？直到有一天，女儿对我说："这本书太好看了，我要把金庸的小说全部读完……"我这才觉得，孩子这样的阅读是有效的。

  后来，女儿告诉我，她第一遍读时不是很懂，然后她找到书中认为精彩的地方又读了一遍，附带看看上次没有读懂的内容，发现和上次读时的感觉不一样，这次竟然读懂了，再读第三遍的时候，发现和前两遍读的时候又不一样了。于是，女儿越读越想读，直到一提到书中的哪一个故事情节，她就能快速找到所在的位置。也许这就叫"书读百遍，其义自见"。博览群书固然重要，但熟读精思更能从书中汲取到自己需要的养分。

  反复阅读的好处，只有在自己反复阅读的过程中才能体会到。著名作家贾平凹总结出了"三遍阅读法"：第一遍可囫囵吞枣读，这叫享受；第二遍静心坐下来读，这叫吟味；第三遍一句一句想着读，这叫深究。三遍后再读，你才能悟出真正属于自己的东西。读书更多的是为了学习，学习别人能写出来而我们写不出来却能触及我们内心的东西，吸收营养，从而提升我们的内在。

附录：

阅读推荐书目

一、推荐小学生阅读的书目

1. 低年级段阅读书目：《小猪唏哩呼噜》《三毛流浪记》《哭鼻子大王》《小巴掌童话》《大个子老鼠小个子猫》《逃家小兔》《日有所诵》《没头脑和不高兴》《"下次开船"港游记》《总有一天会长大》《小布头奇遇记》《大林和小林》《小鹿斑比》《小猪变形记》《母鸡萝丝去散步》《我有友情要出租》《小花鼠》《卡夫卡变虫记》《一粒种子的旅行》《亲爱的笨笨猪》《豆蔻镇的居民和强盗》《成语故事》《会飞的教室》《中华经典诵读》《木偶奇遇记》《活了100万次的猫》《格林童话》《安徒生童话》《丁丁历险记》《严文井童话》《爱丽丝漫游奇境》、"小企鹅心灵成长故事"系列、"神奇校车"系列。

2. 中年级段阅读书目：《小香咕和不好惹的蜜蜂老师》《精灵鼠小弟》《苹果树上的外婆》《小香咕和软软的心事》《小香咕和腊梅精灵说心语》《天方夜谭》《小香咕和狒狒小伴娘》《动物动物去哪里?》《法布尔昆虫记》《鼹鼠的月亮河》《日有所诵》《魔法师的帽子》《小河男孩》《时代广场的蟋蟀》《亲爱的汉修先生》《你很快就会长高》《橡树上的逃亡》《秘密花园》《我要做个好孩子》《山羊不吃天堂草》《蜗牛的森林》《草房子》《一片叶子落下来》《一百条裙子》《了不起的狐狸爸爸》《查理和巧克力工厂》《骑鹅旅行记》《男生贾里女生贾梅》《灰姑娘》《洋葱头历险记》《父与子》《夏洛的网》《中华经典诵读》《乌丢丢的奇遇》《叶圣陶童话》《伊索寓言》《水孩子》《淘气包

埃米尔》《雷梦拉八岁》《女儿的故事》《窗边的小豆豆》《蓝色的海豚岛》《今天我是升旗手》《吹小号的天鹅》《长袜子皮皮》《中国经典神话故事》《犟龟》《彼得·潘》《蓝鲸的眼睛》《罗伯特的三次报复行动》《海底两万里》《列那狐的故事》。

3. 高年级段阅读书目：《青鸟》《我是一只狐狸狗》《绿山墙的安妮》《山居鸟日记》《第七条猎狗》《算得快》《日有所诵》《第三军团》《巫师的沉船》《桃花源的故事》《安的种子》《柳林风声》《西游记》《绿野仙踪》《三国演义》《农场疑案》《我的妈妈是精灵》《奔跑的女孩》《蝉为谁鸣》《稻草人》《两根弦的小提琴》《中华经典诵读》《假如给我三天光明》《告诉世界，我能行》《草房子》《海蒂》《永远讲不完的故事》《昆虫记》《游戏中的科学》《汤姆·索亚历险记》《不老泉》《中华上下五千年》《鲁滨孙漂流记》《水浒传》《老人与海》《苏菲的世界》《秘密花园》《小王子》《居里夫人的故事》《海伦·凯勒》《亲亲我的妈妈》《非法智慧》《毛毛：时间窃贼和一个小女孩的不可思议的故事》《郑渊洁童话大全》。

二、推荐教师阅读的书目

1. 闫学老师的书：《给教师的阅读建议》《小学语文文本解读》《跟苏霍姆林斯基学当老师》《跟苏霍姆林斯基学当班主任》《牵到河边的马》《我负语文——特级教师闫学的教学艺术》《教育阅读的爱与怕》《绘本课程这样做》。

2. 张文质老师的书：《唇舌的授权——张文质教育随笔》《张文质说1：教师的"微革命"》《张文质说2：生命的见证》《教育是慢的艺术——张文质教育讲演录》《保卫童年——基于生命化教育的人文对话》《奶蜜盐：家庭教育第一定律》。

3. 其他书籍：冯友兰的《中国哲学简史》，林语堂的《吾国与吾民》，余秋雨的《君子之道》《文化苦旅》《行者无疆》，石中英的《教育哲学》，于永正的《做一个学生喜欢的老师——我的为师之道》，余映潮的《致语文教师》，谢云的《幸福教师五项修炼——禅里的教育》，沈毅、崔允漷的《课堂观察：走向专业的听评课》，木心的《文学回忆录》，泰戈尔的《新月集》，卡尔维诺的

《为什么读经典》，杜拉斯的《写作》，维果茨基的《思维与语言》，梵高的《亲爱的提奥》，蒙特梭利的《童年的秘密》，大江健三郎的《在自己的树下》，阿德勒的《儿童的人格教育》，李冲锋的《教师如何做课题》，杨伟东的《基础教育教学课题研究十八问（方法篇）》，吴忠豪的《从"教课文"到"教语文"——小学语文教学专题行动研究》。

后 记

  2016年10月，我参加中原名师培育对象集中培训，这次安排有教育专著写作专题。"教育专著写作出版"是中原名师培育工程的系列计划之一。根据撰写教学自传和专家考核，遴选了30位教师进入写作计划，我很幸运在此之列。历时一年多，现已顺利完成书稿，备感欣慰。掩卷遐思，感慨油然；回顾既往，心存感念。

  是河南省基础教育教学研究室丁武营主任、浙江师范大学姜根华教授以及刘燕飞老师高瞻远瞩，精心策划，在河南和浙江两地共同搭建起这样一个学习、交流、提升的高端平台，使我有机会接触到写书、出书，让我有了显著的进步。

  是我的导师闫学老师和张文质老师高屋建瓴，循循善诱，引领我们这些走入新阶段却处于迷茫之中、遭遇瓶颈期的教师，在积累、沉淀中不断得到提升，在思考、写作中不断超越自我。

  是濮阳市全民阅读促进会会长魏胜先、我校校长魏存智以及培训班的专家老师、同学真诚指导，激励鼓舞，使我克服一个又一个困难，渡过一个又一个难关，并真真切切体会到，文章之事虽苦不堪言，但也妙不可言，辛勤劳作，终会有收获。

  感谢所有支持、帮助、关心我的人。感恩一切有缘的人和事。首次出书，限于水平，定存在不少问题，恳请各位读者提出宝贵意见，感激不尽。

  衷心感谢您的浏览、阅读，真诚希望得到您的点评、鼓励。

李桂荣

2018年7月26日